JN041033

基礎語彙に乗せる

ドイツ語
積み増し360語

田中雅敏

語研

音声の無料ダウンロードについて

本書の音声が無料でダウンロードできます。

下記の URL にアクセスして，ダウンロードしてご利用ください。
https://www.goken-net.co.jp/catalog/card.html?isbn=978-4-87615-371-8

または，右記の QR コードからもアクセス可能です。

○本書では音声収録箇所を ♫マークとトラック番号で表示しています。
○収録時間は 102 分です。

音声はドイツ語のみ自然な速さで収録されています。

注意事項

- ダウンロードできるファイルは ZIP 形式で圧縮されたファイルです。ダウンロード後に解凍してご利用ください。iOS13 以上は端末上で解凍できます。
- 音声ファイルは MP3 形式です。iTunes や Windows Media Player などの再生ソフトを利用して再生してください。
- インターネット環境によってダウンロードできない場合や，ご使用の機器によって再生できない場合があります。
- 本書の音声ファイルは一般家庭での私的利用に限って領布するものです。著作権者に無断で本音声ファイルを複製・改変・放送・配信・転売することは法律で禁じられています。

ナレーション

Jan Hillesheim
Nadine Kaczmarek

はじめに

日常生活において使用されるドイツ語の基礎語彙は4,000語程度であるとされています（研究論文によっては5,000語程度とするものもありますが，概して4,000～5,000語であると言えます）。日本で刊行されている主な独和辞典では，これら4,000語（辞書によっては5,000語）程度が最重要単語・重要単語として，たとえば赤字で示されたりして，わかりやすく編集されていることが多いです。大学入学共通テストの「ドイツ語」でも，出題に使用される語彙は，基本的にはこれら最重要単語・重要単語でカバーできるように工夫されています。語学テストなどにおいては，使用される語彙は測りたい習熟レベルに応じて設定されます。一方で，私たちが日常的に触れることができるドイツ語圏の新聞記事や論説などでは，ドイツ語を母語とする一般成人であれば知っているはずの語彙は，それが基礎語彙でなくてもごく自然に使われています。

本書は，基礎語彙（一般的な独和辞典で最重要～重要単語とされているもの）以外を見出し語としてピックアップした単語集です。見出し語の項目数は360語です。概ね，「独検」（「ドイツ語技能検定試験」；公益財団法人ドイツ語学文学振興会主催）2級以上，ドイツやオーストリアの団体が実施するドイツ語検定試験B1以上にチャレンジする際に，基礎語彙の上にさらに積み増しする必要があると思われる語群であると言うことができます。また，上述の通り，ドイツ語圏のメディアで発信される情報を理解する上でも必要となる語群でありましょう。

本書の主な特徴は次のとおりです：

◇見出し語は可能な限り分野別・場面別に分類しました。
◇すべての見出し語に関連語を２つずつ添えています。関連語は，類義語や対義語，派生語など見出し語によって異なりますが，その中でも類義語を多く掲載しておりますので，類語集としてもお使いいただけます。ただし，関連語には基礎語彙も含まれます。
◇見出し語にはすべて例文がついています。例文は，可能な限り，実際のドイツ語圏の新聞記事などを参考にしています。記事のそのままの引用ではありませんが，例文を見ると，ドイツ語圏の日常がなんとなく垣間見られると思います（話題として，サッカー・音楽・法律・経済・産業などが多いかと思います）。

◇例文は，見出し語の使用例ではありますが，単文として読むときの文法知識の確認にもなります。この観点から，例文の解説には必要に応じて文法面のことも書き添えるようにしています（たとえば，文頭に主語以外の名詞が主題として配置されている，主語が有生物ではなく無生物である，自動詞なので目的語が４格ではなく３格である，２格支配である…など）。

◇例文には和訳が添えてありますが，直訳調にならずナチュラルな日本語にしてあります。そのため，和訳からドイツ語表現に戻すような，和文独訳の素材としても活用いただけます。巻末には本編中の例文による和文独訳のページを設けておりますので，ぜひチャレンジしてください。なお，例文を直訳に忠実に紐解く解説は，例文解説のところで書くように心がけました。

◇見開き２ページに４つの見出し語が掲載されています。その４つの語が散りばめられた読解テクストがあります。数行にまたがるやや長めのテクストを読み解く練習をしていただけます。

本書が，ドイツ語を学習されるみなさんのお役に立てば幸いです。

2021 年 6 月

田中雅敏

目次

ネイティブチェック：Lars Bauer

本書の紙面構成と凡例

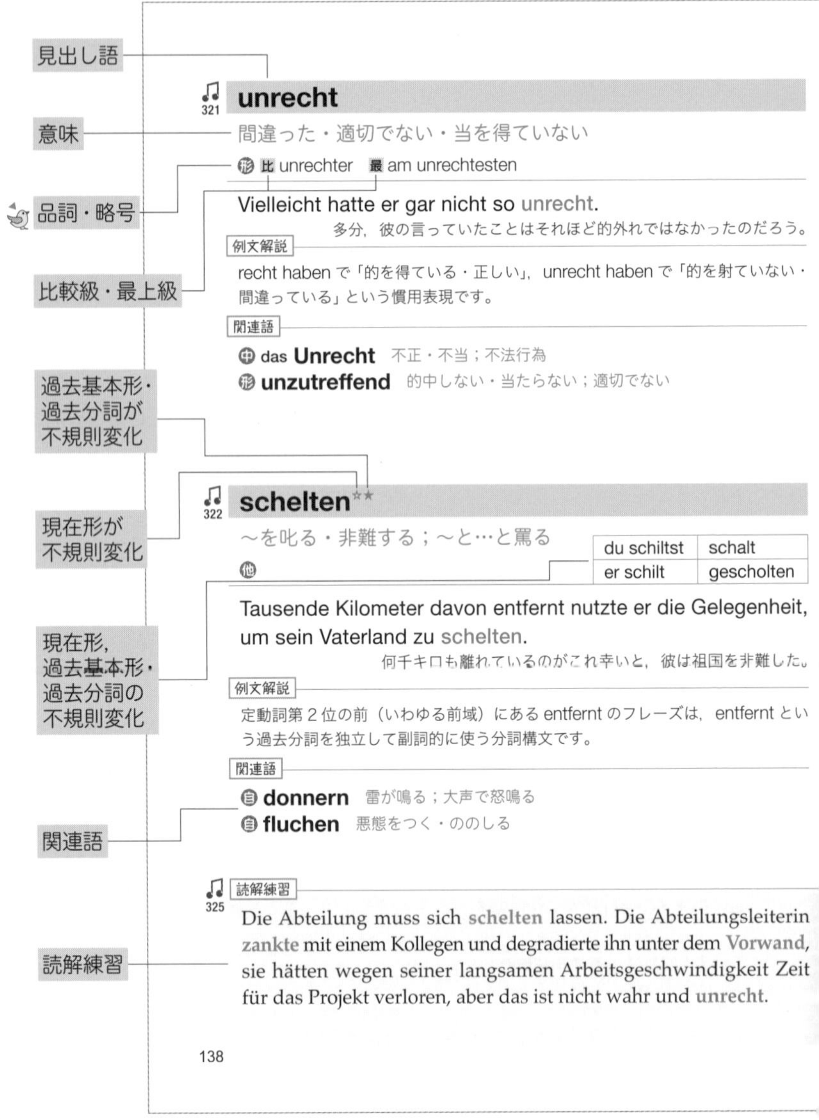

見出し語
意味
品詞・略号
比較級・最上級
過去基本形・過去分詞が不規則変化
現在形が不規則変化
現在形，過去基本形・過去分詞の不規則変化
関連語
読解練習
321
unrecht
間違った・適切でない・当を得ていない
形 比 unrechter 最 am unrechtesten
Vielleicht hatte er gar nicht so unrecht.
多分，彼の言っていたことはそれほど的外れではなかったのだろう。
例文解説
recht haben で「的を得ている・正しい」，unrecht haben で「的を射ていない・間違っている」という慣用表現です。
関連語
中 das Unrecht 不正・不当；不法行為
形 unzutreffend 的中しない・当たらない；適切でない
322
schelten
～を叱る・非難する；～と…と罵る
他
du schiltst
schalt
er schilt
gescholten
Tausende Kilometer davon entfernt nutzte er die Gelegenheit, um sein Vaterland zu schelten.
何千キロも離れているのがこれ幸いと，彼は祖国を非難した。
例文解説
定動詞第２位の前（いわゆる前域）にある entfernt のフレーズは，entfernt という過去分詞を独立して副詞的に使う分詞構文です。
関連語
自 donnern 雷が鳴る；大声で怒鳴る
自 fluchen 悪態をつく・ののしる
325
読解練習
Die Abteilung muss sich schelten lassen. Die Abteilungsleiterin zankte mit einem Kollegen und degradierte ihn unter dem Vorwand, sie hätten wegen seiner langsamen Arbeitsgeschwindigkeit Zeit für das Projekt verloren, aber das ist nicht wahr und unrecht.
138

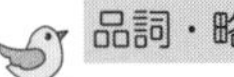

品詞・略号

(男) 男性名詞	(自) 自動詞	(前) 前置詞	完了助動詞が
(女) 女性名詞	(他) 他動詞	(接) 接続詞	haben h
(中) 中性名詞	(形) 形容詞	(成) 成句	sein s
(複) 複数名詞	(副) 副詞		※注意が必要なもののみ表示

音声トラックナンバー

323 **zanken** 11 思考・言葉 ― 分類

がみがみ言う・ののしる；〔再帰〕口げんかをする

(自)；(他)

Wenn zwei sich zanken, freut sich der Dritte, heißt es im Sprichwort.

二人が言い争っていると三人目が喜ぶ，と諺にもある。

例文解説

dritt は数字 3（drei）の序数です。der Dritte はその名詞化です。日本語では「漁夫の利」が近い諺になるでしょう。

関連語

(他)〔再帰〕sich⁴ **streiten**★　争う・けんかする

(自) **kämpfen**　戦う・争う；競う

定冠詞

324 der **Vorwand**

口実・言い訳

(男) *pl.* Vorwände ― 複数形

Die Vorbereitung auf den Test war ein guter Vorwand. ― 例文

テストの準備があったことがいい言い訳になった。

例文解説

die Vorbereitung「準備」は auf ～⁴ を使います。ein guter Vorwand のように，不定冠詞が無語尾の場合，形容詞にシグナル語尾が付きます。 ― 例文解説

関連語

(女) die **Ausrede**　*pl.* -n　言い逃れ・口実

(女) die **Beschönigung**　*pl.* -en　弁解・弁護・美化

その部署は非難を免れない。上司がある仕事仲間の仕事のスピードが遅いためにプロジェクトの時間が失われているという口実で激しく罵り，そしてその人を降格した。しかし，それは真実ではないし，不当である。 ― 訳

139

基礎語彙に乗せる

ドイツ語積み増し360語

001 ## der **Schlips**

ネクタイ

男 *pl.* -e

Bei uns können Bewerber auch ohne Anzug und Schlips kommen.

当社では，面接にはスーツもネクタイもなしで来ていただいて構いません。

関連語

女 die **Krawatte** *pl.* -n ネクタイ

女 die **Fliege** *pl.* -n ハエ（蠅）；蝶ネクタイ

Mit weißem Hemd und Fliege begrüßte er uns.
白いシャツに蝶ネクタイの出で立ちで，彼は私たちに挨拶をした。

002 ## die **Schleife**

リボン・輪；環状カーブ

結んだ状態のリボンを指します。

女 *pl.* -n

Einige haben selbst ihren Haustieren eine Schleife um den Hals gebunden.

ペットの首にリボンを結んでいる飼い主もいる。

関連語

男 der **Schleifenflug** *pl.* Schleifenflüge 宙返り

女 die **Schlinge** *pl.* -n （輪状に結び合わせた）輪；投げ縄

Zweimal zog die Mannschaft den Kopf in den Schlussminuten aus der Schlinge.
チームは二度，最後の数分で窮地を脱した。

den Kopf（または sich[4]）aus der Schlinge ziehen：〔比〕窮地を脱する

005 読解練習

Da hast du deinen **Schlips** an der **Klinke** vergessen. Bei einem Schlips handelt es sich um eine Krawatte. Im Jahr 1663 führte ein kroatisches Reiterregiment eine Parade, dessen Reiter einen gebundenen Halsschmuck trugen. Dieser ähnelte im Bereich des **Kragens** einer **Schleife**, deren Enden lässig herunter hingen.

003

der Kragen

襟・カラー；首・命

男 *pl.* -

Bei einer Gerichtsverhandlung platzte einem Richter der **Kragen**.

法廷で，一人の裁判官が激怒したことがあった。

例文解説

der Kragen platzt jm. で「～³ の襟が破裂する」，つまり「～³ は激怒する」と意味の表現になります。

関連語

女 die **Manschette** *pl.* -n　袖口・カフス
男 der **Hals** *pl.* Hälse　首・首元；のど

004

die Klinke

ドアの取っ手・ノブ

女 *pl.* -n

In Tokio geben sich zurzeit Politiker*innen aus aller Welt die **Klinke** in die Hand.

東京には，いま，世界の政治家たちが次々につめかけてきている。

例文解説

男女同権の観点から，男性形・女性形を吸収する書き方として Politiker*innen と書く慣用が広がっています。少し前までは PolitikerInnen と I を大文字にする書き方もありました。

関連語

男 der **Griff** *pl.* -e　取っ手・握り部・グリップ
男 der **Drücker** *pl.* -　取っ手・ノブ；ドアの掛け金

ドアの取っ手に Schlips（ネクタイ）を忘れているよ。Schlips というのは Krarwatte と同じ。1663 年，クロアチアの騎馬隊がパレードをした。その乗り手たちが首に装飾を巻いていて，襟の部分に着目すると，それは蝶ネクタイに似ており，端がだらんと下に垂れ下がっているものだった。

es handelt sich bei A um B で「A は B だ」の意味となる表現。
A³ ähnneln で「A³ に似ている」。

006

die **Gardine**

カーテン

女 *pl.* -n

Vorhang と比べて生地の薄いものです。

Wenn die Gardine am geschlossenen Fenster weht, ist das Fenster nicht dicht.

窓が閉まっているのにカーテンが揺れていたら，それは窓に隙間があるのだ。

例文解説

dicht は「密閉された・気密の」です。窓が閉まっていること（geschlossen）と気密性が確保されていること（dicht）は違うことに気がつけば，この例文の意味がとれます。

関連語

男 der **Vorhang** *pl.* Vorhänge カーテン

女 die **Blende** *pl.* -n 日よけ・ブラインド

007

säubern

～の汚れをとる；～を排除する

Sie beseitigen Abfall oder säubern Straßen.

彼らはゴミを取り除いたり，路上を綺麗にしたりしている。

例文解説

beseitigen は Seite「脇・横」を語源とします（意味は「脇によける・片づける・取り除く」です）。

関連語

他 **putzen** ～を（磨いたりして）きれいにする

他 **reinigen** ～を掃除する；クリーニングする

010

読解練習

Es weihnachtet und das Ende des Jahres nähert sich. Mein Mann lenkt die Kinder nach draußen. Die Katze schlummert auf dem Bett. Und ich muss nun die Gardinen säubern.

008 schlummern

まどろむ・うたた寝する；機能が休止している

In jedem Menschen schlummern Talente.

万人に，才能は漂っている。

関連語

自 **dösen** まどろむ・うとうとする

自 **ruhen** くつろぐ；停止している

Morgens in der U-Bahn dösen die meisten oder tippen auf ihren Handys herum.

朝の地下鉄では，ほとんどの人がうとうとしたり，携帯をいじったりしている。

009 lenken

（乗り物などを）導く・操縦する

Der Mann sei dabei gewesen, seinen Hund mithilfe einer unsichtbaren Leine zu lenken.

その男性は，飼い犬を目に見えないリードでつないでいたらしい。

例文解説

接続法１式の間接話法です。リードを繋がずに犬を散歩していたのを，目に見えないリードを繋いでいた，というのですから，本人の主張をただ伝える間接話法の最たるものです。

関連語

男 der **Lenker** *pl.* - 運転手

他 **leiten** ～を率いる・導く・案内する

クリスマスの雰囲気が増してきた。年の瀬も近づいている。夫が子どもたちを外に連れ出してくれる。猫はベッドでうたた寝している。さて，今のうちにカーテンを洗ってしまわなくちゃ。

011

das Segel

（帆船の）帆

㊥ *pl.* -

Der Anker schenkt dem Boot Sicherheit, während das Segel es fahren lässt.

帆はボートを進めてくれ，錨はボートに安全を提供してくれる。

例文解説

「A の一方で，B だ」というような対比の意味で während が使えます。während で導かれた副文中の es は，主文で出てきた Boot です。

関連語

㊐ **segeln** Ⓢ 帆走する・滑空する
㊥ das **Steuer** *pl.* - （船や飛行機の）舵・操舵

012

der Spatz

スズメ（雀）；ひよわな子ども

㊚ *pl.* -en

Der Spatz ist der König unserer Gärten.

そのスズメは，庭で我が物顔だ。

例文解説

Spatz は男性弱変化名詞ですので注意しましょう。

関連語

㊚ der **Sperling** *pl.* -e スズメ（雀）
㊚ der **Dreikäsehoch** *pl.* -s ませた子ども；ちびっこ

015

読解練習

Der Vogelzug, für den weder Gewicht noch Flügelspannweite der Tiere eine entscheidende Rolle spielen, ist ein Naturwunder. Aber nicht alle Vogelarten ziehen. Standvögel sind etwa **Spatzen** und **Krähen**. Auf den **Segeln** von Schiffen sieht man sie auch. Sie sind oft eher **zahm**.

013

die Krähe

（中型の）カラス

女 *pl.* -n

Wie die Stadt mitteilte, war eine Krähe Schuld an dem Stromausfall.

市の報告によると，停電の原因は一羽のカラスだった。

例文解説

Schuld an ～^{3} で「～^{3} についての罪・責任」です。schuld an ～^{3} sein や schuld an ～^{3} haben のように，慣用的に schuld を小文字で書くこともあります。

関連語

男 der **Rabe** *pl.* -n （大型の）カラス
自 **krähen** （おんどりなどが）鳴く；甲高い声・金切り声を出す

014

zahm

人になれた；おとなしい

形 比 zahmer 最 am zahmsten

Die Tiere werden bei guter Behandlung richtig zahm.

この動物たちは，うまく扱ってあげれば，本当におとなしい。

関連語

他 **zähmen** ～を飼いならす・手なずける
形 **harmlos** 無害の；無邪気な

Der harmlos klingende Satz ist in Wahrheit gefährlich.
一見無害に思えるその一文も，実際には危険だ。

鳥の渡りにとって体重や翼の長さは決定的な役割を果たすわけではないということは，自然の神秘である。しかしすべての種類の鳥が渡るわけではない。渡り鳥ではないのはたとえばスズメやカラス。船の帆にも止まっているのを見る。たいていはおとなしい。

016
züchten

～を飼育する・養殖する；（感情などを）目覚めさせる

㊀

Hunde und Pferde zu **züchten** hat Jahrtausende Tradition.

犬と馬の飼育は，もう何千年もの歴史がある。

例文解説

zu 不定詞句が文の主語になっています。Es hat Jahrtausende Tradition, Hunde und Pferde zu züchten. としても意味は変わりませんが，es を使う構文では文全体が新情報になります。

関連語

㊀ **kreuzen**　～を交差させる；～を交配する

㊀ **entwickeln**　～を育てる・発展させる；発生させる

017
das Gewächs

植物；（作物が）～産のもの

㊥ *pl.* -e

Es kann nicht jedes grüne **Gewächs** verwendet werden.

緑の植物ならなんでも利用できるわけではない。

例文解説

文の主語は es ですが，これは文全体をフォーカスするために用いられます。つまり，「緑の植物は～」という主題 - コメント構造ではなく，文全体を新情報として提示しています。nicht jed- は部分否定です。

関連語

㊛ die **Pflanze**　*pl.* -n　植物

㊂ **wachsen**** Ⓢ　育つ

020
読解練習

Ein typischer Schmarotzer unter den Gartenpflanzen ist die Mistel. Typischerweise macht es sich das **Gewächs** auf **Laub**- und Nadelbäumen bequem und streckt hier seine **Knospen**, Zweige und Blätter in gelber und grüner Farbgebung von sich. Im Garten darunter arbeitet man fleißig und **züchtet** Hühner.

018

das **Laub**

〔集合的〕木の葉

Wir wollen im Garten die Sträucher mit dem schönen Laub pflanzen.

庭にきれいな葉を茂らせる低木を植えたいと思う。

例文解説

Strauch (*pl.* Sträucher) は生け垣にできるような「灌木」です。Laub は集合名詞として単数形扱いです。

関連語

中 das **Blatt**　*pl.* Blätter　木の葉

女 die **Belaubung**　〔集合的に〕木の葉；葉が茂っていること

019

die **Knospe**

芽・つぼみ；未発達のもの

女 *pl.* -n

Das Leben birgt immer neue Knospen und Blüten.

人生にはいつも新しいつぼみや花が咲くものだ。

関連語

女 die **Blüte**　*pl.* -n　〔樹木の〕花

男 der **Keim**　*pl.* -e　芽；兆し

Am Samstag hat die Polizei versucht, die Demonstration im Keim zu ersticken.

土曜日に警察はそのデモが大きくなる前に鎮圧しようとした。

庭の植物に寄生するもので有名なのはヤドリギである。この植物は典型的に広葉樹と針葉樹にのんびり寄生し，つぼみ，枝，葉ごと黄色や緑色の配色で隠れる。庭では人々が精を出し，鶏を飼育している。

es⁴ sich³ bequem machen で「のんびりする」。

021

pflügen

～を犁（すき）で耕す・すく

他

Bei der derzeitigen Witterung kann man gar nicht **pflügen**.

この季節の天候では，まったく畑仕事ができない。

関連語

男 der **Pflug** *pl.* Pflüge 犂（すき）

他 **säen** ～の種をまく

Der Verdacht wurde absichtlich **gesät**.
疑いの種が明らかに蒔かれている。

022

mähen

（草や穀物を）刈る・刈り取る

他

Lange konnte ich nicht **mähen**, weil die Wiesen zu feucht waren.

芝生が濡れていて，長らく刈ることができなかった。

関連語

他 **ernten** ～を収穫する・刈り入れる

他 **schneiden**★ ～を切る・切り取る

Wer Wind sät, wird Sturm **ernten**. 《諺》身から出たさび
（風の種を蒔くものは，嵐を刈り入れることになるだろう。）

025

読解練習

Der Bauer profitiert von Combigeräten mit Mähbalken und Pflug und erledigt so Arbeiten wie **Mähen** oder **Pflügen**. Der Müller **mahlt** heute das Mehl mit einer computergesteuerten Mühle und Mühlsteine wären heute gar nicht mehr zulässig. Der Weber stellt aus Garnen wie Leinen oder **Seide** verschiedene Gewebe her.

023 mahlen*

（穀粒などを）挽き臼にかける・製粉する

mahlte
gemahlen

Die Mühlen der Behörden und Gerichte **mahlen** viel zu langsam.

行政や裁判所の取り回しはゆっくりすぎる。

例文解説

Mühle は「挽き臼」ですが，ここでは行政・裁判所が挽く臼，つまり，取り回しのことを言っています。zu ＋形容詞で「～すぎる」です。

関連語

中 das **Mehl** *pl.* -e〔種類を表すときのみ〕 小麦粉・穀粉
他 **pulverisieren** ～を粉末にする

024 die Seide

絹・絹織物

女 *pl.* -n

Seide war damals eine blühende Industrie in Frankreich.

絹織物は，当時のフランスで栄華を極めた産業の一つだった。

関連語

形 **seiden** 絹の；絹のような（つやのある）
男 der **Taft** *pl.* -e タフタ・絹織物

Taft ist extrem empfindlich, vor allem gegenüber Wasser, Hitze und Licht.

タフタは，とりわけ水分，暑さ，光で傷みやすい。

農家は草刈り刃や犁の付いた機械で効率的に耕したり草刈りができる。今日では，製粉職人は小麦をコンピュータ制御の挽き臼で製粉し，挽き臼でやろうという人はもういない。織物職人は亜麻や絹といった糸から様々な布地を生み出している。

profitieren von ～³ で「～³ で得をする」。Mähen と Pflügen は動詞の不定形を中性名詞にした動名詞。

026 die **Watte**

綿・脱脂綿

女 *pl.* -n〔種類を表すときのみ〕

Sie wird von ihren Eltern immer in Watte gepackt.

彼女は箱入り娘だ。

例文解説

Watte はふわふわした緩衝材になることから，jn. in Watte packen で「～^{4} を綿に包んで衝撃から守り，大切にする」という意味になります。

関連語

女 die **Baumwolle** *pl.* -n〔種類を表すときのみ〕 綿・綿花・木綿
女 die **Füllung** *pl.* -en 詰めること・詰め物

027 das **Gewebe**

織物；組織

中 *pl.* -

Durch das Immunsystem kann unser Körper eigenes von fremdem Gewebe unterscheiden.

免疫システムにより，私たちの体は自細胞と外的組織を区別することができる。

関連語

複 die **Textilien** 繊維製品
男 der **Webstoff** *pl.* -e 繊維生地

Der lange Rock ist leicht ausgestellt und aus luftigem Webstoff.
このロングスカートは軽くフレアーが入っており，薄手の生地で作られている。

030 読解練習

Gewebe, die für das Reinigen von Silbergegenständen geeignet sind, sind z.B. **Watte**, **gewebte** Baumwolltücher, weiche **Lappen** oder Schwämme.

028
weben

機（はた）を織る；〔比〕創造する；活動する

自〔雅〕wob, gewoben あり

Der Sänger wob Episoden aus dem Leben seiner Eltern geschickt zusammen.

その歌手は両親の人生のエピソードを巧みに編んでストーリーに仕立てた。

例文解説

weben は規則動詞ですが，文学的（雅語）には過去形 wob，過去分詞 gewoben の形もあります。

関連語

他 **wirken**　～をメリヤス編み〈織り〉にする；～を行う・成し遂げる

他 **spinnen**　～を紡ぐ・紡いで糸にする；（次々と）考え出す

029
der Lappen

布きれ・雑巾；腰抜け

男 *pl.* -

Auch Regale sollten besser mit einem feuchten Lappen gereinigt werden.

棚もできれば濡れ雑巾で拭くのがよい。

例文解説

接続法 2 式の仮定法です。「できれば～したほうがよい」という，仮定の話（「できれば」が仮定の前提）です。

関連語

中 das **Tuch**　*pl.* Tücher　布

男 der **Lumpen**　*pl.* -　ぼろ切れ・雑巾

織銀製品を磨くのに適している織物（素材）は，脱脂綿，木綿で織った布，柔らかい布切れ，またはスポンジだ。

031
nähen

～を縫う・縫って作る

他

Er schenkt ihr eine Nähmaschine, damit sie sich etwas Schönes **nähen** kann.

彼は，彼女が何か素敵なものを縫えるようにミシンを贈る。

例文解説

damit で導かれる副文は「～できるように」という目的を意味する文になります（「できる」という意味から，話法の助動詞 können が用いられることが多いです）。

関連語

自 **sticheln** 針仕事をする；縫いもの（ししゅう）をする；嫌味を言う
他 **schneidern** ～を裁断する・仕立てる

032
stricken

～を編む・編んで作る

Es wurde versucht, eine Legende zu **stricken**.

伝説が人工的に編み出されようと試みられた。

例文解説

zu 不定詞句は，主文の形式主語 es と呼応します。過去時制の受動文です。

関連語

男 der **Strick** *pl.* -e （麻などを編んだ）縄・ロープ
自他 **häkeln** ～を鉤針で編む

035
読解練習

Beim **Nähen** verbindet man Stoffteile miteinander. Beim Sticken geht es vorwiegend um eine Verzierung. **Stricken** führt man immer mit zwei Nadeln aus, die glatt und spitz sind und keinen Haken haben. Der Begriff „Heft“ wurde im 16. Jahrhundert zu „**heften**“ umgebildet. Heftklammern **klemmen** Hefte oder Papierbögen zusammen.

033

heften

～を縫いとじる；（ピンなどで）留める

㊀他

Das würden sich doch nur unsere Politiker ans Revers heften.

それは政治家たちだけで勲章のように思っていればいい。

例文解説

接続法 2 式の仮定法です。「そうしたければ，すればいい」というニュアンスです。「そうしたければ」の「～れば」に仮定の意味が入っていることがわかります。Revers は上着の襟の部分です。ここに勲章を付けることから，「勲章のように」と訳してありますが，直訳すると，「それは政治家たちだけで襟に付けておけばいい」となります。

関連語

㊥ das **Heft** *pl.* -e　ノート・帳面

㊀他 **ein|binden**★　～を製本する

034

klemmen

～をはさむ；〔再帰〕はさまる

㊀他

Etliche Fahrzeuge haben den Zettel an der Windschutzscheibe klemmen.

数台の車が，フロントガラスに紙を挟まれている。

例文解説

駐車禁止の貼り紙の他，Wollen Sie Ihr Auto verkaufen?「車を売りたければ電話ください」のような貼り紙もよく見かけます。

関連語

㊛ die **Klammer** *pl.* -n　クリップ；括弧

㊀他 **quetschen**　～を押し付ける；（はさんで）怪我を負わせる

裁縫は布地を互いに縫い合わせることで，刺繍はどちらかというと飾り付けを目的として縫うことを指す。編み物には凹凸のない，先が鉤状になっておらず尖った 2 本の針を使う。Heft（ノート）という概念は 16 世紀に heften（縫い綴じる）に合わせて作られた概念である。クリップはノートや紙の束を留めるのに使われる。

036

flicken

～を繕う・修理する

他

Der Schneider kann das Loch in eigenem Mantel nicht flicken.

洋服屋は，自分のコートに開いた穴を繕えない。

例文解説

日本の諺「紺屋の白袴」に近いでしょうか。この例文では，洋服屋は依頼者の洋服は繕うものの，自分のコートには穴が開いてもそれを直す暇がない，ということが述べられています。

関連語

他 **kitten** ～を（パテなどで）固定する；（関係を）修復する

他 **reparieren** ～を修理する

037

das Gewerbe

生業・営業；手工業

中 *pl.* -

Geplant ist ein neues Stadtquartier für Wohnen, Gewerbe und Freizeit.

計画されているのは，居住・ビジネス・娯楽が揃った新しいエリアである。

例文解説

前域（定動詞第 2 位の前）に geplant という過去分詞があります。計画そのものは～である（が，実現したのは～だった）などのように，対比を示すためにこのように前域を使用することがあります。

関連語

中 das **Handwerk** *pl.* -e 手工業・手仕事

中 das **Metier** *pl.* -s （高度な技能の）仕事

040 読解練習

Der Schuster macht Schuhe. Vom Erzeugen der Schuhe bis zum Flicken der Schuhe. Der Beruf ist ein gutes Musterbeispiel für die sich verändernde Rolle des Handwerks: Im Mittelalter war das Schusterhandwerk in den Städten eines der zahlenmäßig stärksten Gewerbe.

038 erzeugen

～を生産する・製造する；～を発生させる

Einige Fische **erzeugen** elektrische Felder.

魚の中には電磁場を作り出すものもいる。

例文解説

電気うなぎやエレファントノーズフィッシュのように，電磁場を発生する器官を体内に持っている魚がいます。Fisch は種類を数えていますので，複数形です。

関連語

中 das **Erzeugnis** *pl.* -se　生産品・産物・製品
他 **verursachen**　～を発生させる・原因となる

039 der Schuster

靴屋・靴職人

男 *pl.* -

Mein Vater war ein erfolgreicher **Schuster**.

父は成功を収めた靴職人だった。

関連語

男 der **Schuhmacher** *pl.* -　靴職人
男 der **Meister** *pl.* -　職人・マイスター

Ich glaube, Übung macht nur den scheinbaren Meister.
私が思うに，練習だけではなんちゃってマイスターにしかなれない。

靴職人は靴を作る。靴の製造から修繕まで担う。この職業は，手工業が役割を変えていくことの好例である。中世には，この職業は都市部で，数の点でもっとも栄えた手工業の一つであった。

Flicken は不定詞を中性名詞にした動名詞。

041

schnitzen

〜を彫刻して作る・彫り出す

Halloween steht vor der Tür und da wollen sie einen Kürbis **schnitzen**.

ハロウィーンが近づき，彼らはカボチャを彫刻しようと考えている。

例文解説

「〜は目の前だ」というときに vor der Tür stehen「ドアの前まで来ている」という言い方をします。

関連語

他 **an|fertigen**　〜を作り上げる・製作する；（仕事などを）片づける
他 **drechseln**　〜をろくろにかける；技巧を凝らして仕上げる

042

wühlen

穴を掘る・ほじくる；あれこれと思いをこらす

自

Kinder **wühlen** mit Spaß im Stroh und suchen Ostereier.

子どもたちは楽しんで，藁の山を掘り返し，イースターエッグを探している。

例文解説

土を掘るのとは違い，藁の山を掘るのは比喩ですが，イースターは卵探しが楽しい春の風物詩です。

関連語

他 **graben**☆☆　〜を掘る・採掘する
男 der **Wühler**　*pl.* -　地中に穴を掘る動物（モグラなど）・扇動家

045

読解練習

Weil es sehr kalt ist, scharen sich Hunde und Katzen um den Ofen. Sie drängen und stoßen sich und **wühlen** in den herumliegenden **Garnen** und den Holzspänen, die vom **Schnitzen** auf dem Boden liegen. Der Mann zeichnet mit raschen **Strichen** eine Skizze dieser Szene.

043 der Strich

塗ること・一筆；線

男 *pl.* -e

Unter dem Strich wollte er nicht weiter in seiner Stadt bleiben.

結論としては，彼は自分の町にそれ以上いたくなかったのだ。

例文解説

unter dem Strich は，よく計算を筆算でするときに最後に横線を引いて答えを出すことから，「答え・要点・まとめ・結論」を示すときに使います。

関連語

女 die **Kerbe** *pl.* -n 刻み目・切れ込み・ぎざぎざ

男 der **Umriss** *pl.* -e 輪郭・アウトライン

044 das Garn

（紡いで作る）糸・網

中 *pl.* -e

Er sucht für eine Weste das passende Garn.

彼は，ベストを編むのにちょうどいい毛糸を探している。

関連語

男 der **Zwirn** *pl.* -e〔種類を表すときのみ〕 より糸・撚糸

中 das **Nähgarn** *pl.* -e 縫い糸（=der Nähfaden）

Statt ins Trikot schlüpft er diesmal in den feinen Zwirn.
彼は今回は，ユニフォームの代わりに上等なスーツに袖を通している。

スーツの質は糸の品質や仕立ての良さによって決まります。ここでは「繊細な糸」とありますので，スーツが上等であることが言われています。

とても寒いので，犬や猫は暖炉の周りに集まる。お互いに身を寄せ合って，そして周りに散乱している糸くずや彫刻で床に落ちた木くずの山に潜り込む。その男はその様子を素早い手つきでスケッチしている。

Schnitzen は不定詞を中性名詞にした動名詞。

046

die **Leine**

ロープ・網

女 *pl.* -n

Um Rückenprobleme zu vermeiden, sollten Hundehalter die **Leine** nicht zu kurz fassen.

背中にトラブルを抱えないように，犬の散歩時にはリードを短く持ちすぎないように。

例文解説

um + zu 不定詞句で「～するために」という目的を表す表現になります（副文でいえば damit の文に対応します）。

関連語

女 die **Schnur** *pl.* Schnüre ひも・結びひも

中 das **Seil** *pl.* -e ロープ・綱

047

der **Zügel**

手綱；抑制・制御・支配

男 *pl.* -

Was tun, wenn die Geldpolitik die **Zügel** anzieht?

経済政策が手綱を引き締めてしまったら，どうする？

例文解説

die Zügel anziehen は「手綱を締める」つまり，例文では一層厳しい経済政策が施される可能性があることを言っています。

関連語

他 **zügeln** ～の手綱を引き締める；～を制御する

男 der **Zaum** *pl.* Zäume （手綱・くつわなどの）馬の頭部に付ける馬具一式

050

読解練習

Unser Chef lässt uns an einem langen **Zügel**. Wir haben viele Freiheiten. Ich nehme ab morgen für fünf Monate Urlaub. Ich muss zur Gepäckkompression einen 120 cm langen **Riemen** mit einer stabilen **Schnalle** kaufen. Aber bei meinem besten Freund herrscht eine kurze **Leine**. Er kann nur eine Woche Urlaub nehmen.

048

der Riemen

丈夫なひも・帯・ベルト

男 *pl.* -

Seit Jahren müssen wir den Riemen deutlich enger schnallen.

数年前から，ひも（ここでは財布の）を明らかに以前より締めなければならなくなっている。

関連語

中 das **Band** *pl.* Bänder リボン；ベルト
男 der **Gurt** *pl.* -e 帯・ベルト

Ich arbeite den ganzen Tag am laufenden Band.
私は，一日中ベルトコンベアで作業をしている。

049

die Schnalle

ベルトの留め金・バックル

女 *pl.* -n

Ich habe meinen dunkelroten Rucksack mit schwarzer Schnalle in der Mitte im Zug vergessen.

私は，真ん中に黒いバックルの付いたえんじ色のリュックサックを電車内に忘れてしまった。

関連語

男 der **Verschluss** *pl.* Verschlüsse 施錠・密閉；締め金
女 die **Schließe** *pl.* -n 留め金・掛け金；バックル

うちの社長は放任主義だ（私たちを長い手綱で好きにさせてくれる）。私たちは自由度が高い。私は明日から 5 週間の休暇をとる。荷物の圧縮のために 120cm の長さの，留め金が頑丈なベルトを買わないと。しかし私の親友のところでは自由度が低い（短いロープに縛られている）。彼は休暇を 1 週間しかとれない。

051

die **Hülle**

覆い・カバー・ケース；外皮

女 *pl.* -n

Am besten transportiert man sie also in einer schützenden **Hülle**.

それを運搬するのに一番いいのは，保護ケースに入れることだ。

関連語

他 **hüllen** …⁴を～⁴に (in ～⁴) 包み込む

女 die **Tarnung** 隠蔽・カムフラージュ

Er habe eventuell zur Tarnung eine Brille getragen.
彼は，もしかすると顔を隠すためにメガネをかけたのかもしれない。

052

der **Trichter**

じょうご・漏斗；メガホン

男 *pl.* -

Jede Entscheidung soll durch diese vier **Trichter** gehen.

どの決定も，この４つのフィルターでチェックを受ける。

関連語

中 das **Rohr** *pl.* -e 筒・パイプ・管

中 das **Sieb** *pl.* -e ふるい・ろ過器・フィルタ

Er hat ein Gedächtnis wie ein Sieb.
彼はざるのように忘れっぽい。

055 読解練習

Dieser Labor**trichter** mit langem **Stiel** kostet 79 Euro. Man muss ihn sorgfältig spülen. Und diese **Hülle** ist wirklich praktisch, eine Smartphone-**Hülle** mit einer zusammenklappbaren Selfie-**Stange** hinten daran.

053

der Stiel

柄・取っ手；杯の脚；(植物の) 茎

男 *pl.* -e

Die Kinder essen laufend ein Eis am Stiel.

子どもたちは歩きながら棒付きアイスを食べている。

例文解説

laufend は現在分詞「～しながら」です。

関連語

男 der **Schaft** *pl.* Schäfte (武器などの) 細長い柄；(釘などの) 軸
男 der **Stängel** *pl.* - 茎

054

die Stange

棒・旗竿・手すり；(タバコの) カートン

女 *pl.* -n

Der Kurs war sehr hart, jeden Tag mit sehr vielen Aufgaben. Nur etwa zwei Fünftel der Kursteilnehmer sind bei der Stange geblieben.

その講座は厳しいもので，毎日たくさんの課題が出た。
受講生のおよそ 2/5 しか耐え抜くことができなかった。

例文解説

bei der Stange bleiben で「耐え抜く・頑張る」という意味です。

関連語

男 der **Stab** *pl.* Stäbe 棒・竿；(裁判官の) 司法杖
女 die **Latte** *pl.* -n (走り高跳びなどの) バー・横木；(サッカーの) クロスバー

この脚長の実験用漏斗は 79 ユーロする。洗うときには慎重に取り扱わなければならない。このケースはとても便利だ。背面で折りたためる自撮り棒が付いたスマートフォンケースだ。

056

der **Zirkel**

コンパス；円・輪；サークル

男 *pl.* -

Ich kann auch ohne Zirkel sehr gut einen großen Kreis zeichnen.

私は，コンパスなしで大きな円をとても上手に描くことができる。

例文解説

「コンパスを使って」だと mit dem Zirkel，「コンパスなしで」は ohne Zirkel です。

関連語

女 die **Rundung** *pl.* -en まるみ・円形・球形
中 das **Gremium** *pl.* Gremien 委員会

057

die **Klinge**

刃・刀身

女 *pl.* -n

Bei Messern können Käufer testen, ob die Klinge leicht zu verbiegen ist.

ナイフを買うときには，刃が容易にダメになってしまうかどうか，テストすることができる。

関連語

中 das **Schwert** *pl.* -er 剣・刀
男 der **Knauf** *pl.* Knäufe （剣の）柄頭・（蓋の）つまみ

Das ist ein zweischneidiges Schwert.
それは両刃（もろは）の剣だ。

060 読解練習

Eine am Lauf von Schusswaffen befestigbare Stichwaffe in Form einer Stahl**klinge** wird als Bajonett bezeichnet. Unter der Bezeichnung Seiten**gewehr** versteht man die heute üblichen Bajonette. Ein geheimnisvoller **Orden** besitzt solche Waffen, um die Magier des **Zirkels** zu überwachen.

058

das **Gewehr**

銃

中 *pl.* -e

Legal darf man ein solches Gewehr nicht besitzen.

法によれば，そのような銃を所有することは禁じられている。

関連語

女 die **Flinte** *pl.* -n 猟銃

女 die **Waffe** *pl.* -n 武器

Eine Waffe ohne Munition ist nicht gefährlicher als ein Baseballschläger.

弾薬の入っていない武器より，野球バットのほうがよほど危険だ。

059

der **Orden**

勲章；（制約の厳しい）団体・結社・教団

男 *pl.* -

Bei uns sind die ganz alten Orden von der ehemaligen Königin aufbewahrt.

当家では，かつての女王陛下から賜った古い勲章が保管されている。

例文解説

過去分詞（aufbewahrt）＋ sein で状態受動です。

関連語

女 die **Medaille** *pl.* -n メダル・記念牌

男 der **Bund** *pl.* Bünde 連盟・同盟・結束；連邦

銃身に取り付けられるようになっている，鋼鉄製の刀身で，槍のような使い方をする武器のことをバヨネットと呼ぶ。銃剣という名称は，今日ではこのバヨネットのことを指す。ある秘密結社が，共同体内の魔術師を監視するために，この武器を所持している。

061

der **Rumpf**

（人間や動物の）胴；（飛行機などの）胴体（胴部のこと）

㊚ *pl.* Rümpfe

Das Schiff blieb bis auf ein paar Kratzer am Rumpf unbeschädigt.

この船は胴体にわずかの傷がある以外は無事だった。

例文解説

bis auf ～^{4} は「～^{4} を除いて」という意味です。

関連語

㊚ der **Körper** *pl.* - 身体・肉体（身体の意味）
㊚ der **Leib** *pl.* -er 肉体・体（魂に対する肉体）

062

das **Wohl**

健康・福祉・幸せ

Dein persönliches Wohl ist am wichtigsten.

君の個人的な幸せこそが一番大事だ。

例文解説

形容詞 wichtig の副詞的用法です。さらにそれが最上級で用いられています。形容詞の最上級は，述語用法（A は最も～だ）と副詞的用法では am ...sten という形で用いられます。

関連語

㊞ **wohl** 元気で・健康に；十分に
㊛ die **Wohlfahrt** 福祉・福利・厚生

065

読解練習

Als Verbindung zwischen Kopf und Rumpf übernimmt der Hals einige wichtige Aufgaben. Insbesondere durch die Nahrungsaufnahme und Atmung kommt der Rachen häufig auch mit Krankheitserregern in Berührung. Ihr Wohl liegt also im Rachen. Bei Krankheit ist demnach eine verträgliche Behandlung nötig.

063
verträglich

（飲食物や薬が体に）合った・障らない；消化しやすい

形 比 verträglicher 最 am verträglichsten

Für viele Menschen ist Vollkorn schlecht verträglich.

全粒穀物が体に合いにくい人は多い。

例文解説

アルコールが分解されづらく，飲むとすぐに赤くなる人など，体質によって，「体の適応が追いつかない」ということを表す文です。アルコールであれば，主語（ここでは Vollkorn）になっている部分を Alkohol とします。

関連語

他 **vertragen** 〜に耐えられる・我慢できる
形 **bekömmlich** 健康によい・消化のよい

064
der Rachen

咽頭・喉；（大きく開いた）口

男 *pl.* -

Eine Mundmaske hält Nase und Rachen von innen heraus feucht.

口にマスクをすることで，鼻や喉の潤いが保たれる。

例文解説

halten は du hältst/er hält という特殊な現在人称変化になりますので注意が必要です。

関連語

女 die **Gurgel** *pl.* -n 喉・咽喉
女 die **Rachenentzündung** *pl.* -en 咽頭炎

頭部と胴部の接続部として，首はいくつかの重要な役目を果たしている。特に食物を取り入れたり呼吸をしたりすることで，喉は病原体にさらされる。健康は喉にあり。病気になってしまったら，体に合った治療が必要となる。

spucken

つばを吐く；口角泡をまき散らす

自

Meistens spucken sie samstags kräftig in die Hände.

大抵，彼らは土曜日になるといっちょやるか，と気合いを入れる。

例文解説

spucken は「つばを吐く」という行為をだけを表しますので，どこにつばを吐くかというのは前置詞で表します。この例では，in die Hände で「両手のひらに」となります。両手につばを吐いて気合いを入れる様子（比喩）が表されています。

関連語

自 **speien**★　つばを吐く
自 **schäumen**　泡立つ・泡が生じる；激昂する

067

nagen

かじる；蝕む

自

Unser Hund nagt immer genüsslich an einem Knochen. Das ist für seine Gesundheit auch wichtig.

うちの犬はいつも美味しそうに骨をかじっている。これは犬の健康にとっても大事なことだ。

例文解説

nagen は「かじる」という行為だけを表す自動詞ですので，実際に何をかじるかは，an ＋ 3 格で表します。

関連語

他 **beißen**★　～を噛む・かじる
他 **kauen**　（食べ物などを）噛む・咀嚼する

070

読解練習

Ich habe den Spielern **zugesehen**. Nach Spielschluss haben einige auf das Spielfeld **gespuckt** und einige haben laut **gestöhnt**. Es war eine entscheidende Niederlage. Die Enttäuschung **nagt** sehr an mir.

068

stöhnen

うめき声をあげる；ひどく嘆く

自

Manche stöhnen bei der Ankündigung, manche freuen sich.

その告知に悲痛な声をあげる人もいるが，喜んでいる人もいる。

例文解説

manche は「～も少なくない」や「～もいる」のように訳せます。

関連語

自 **ächzen** うめく；きしむ

自 **seufzen** ため息をつく・うめく

069

zu|sehen☆★

～を眺める・見物する・傍観する；
（～となるように）努力する

自

du siehst ... zu	sah ... zu
er sieht ... zu	zugesehen

Interessierte dürfen den Nationalspielern beim Training zusehen.

関心がある人はナショナルチームの練習を見学してよい。

例文解説

zu|sehen は，sehen などとは違って他動詞ではなく，自動詞（3 格目的語をとる）ですので注意が必要です。ここでは den Nationalspielern が複数形 3 格目的語です。

関連語

自 **glotzen** じっと見つめる・（無表情で）見る；テレビを見る

他〔再帰〕sich⁴ **an|strengen** ～にいそしむ・努力する

私は選手たちを眺めていた。試合後，ピッチにつばを吐く選手もいれば，大声でわめき散らす選手もいた。決定的な敗戦だった。失望が私の心をさいなんでいる。

071 ## übergehen★

～を見過ごす・無視する；～を黙殺する

überging
übergangen

㊀他

Ich musste den Hunger **übergehen** und konnte mich gar nicht konzentrieren.

空腹を我慢しなければならず，まったく集中できなかった。

例文解説

直訳は「空腹を無視しなければならなかった」です。sich[4] konzentrieren auf ～[4] で「～[4] に集中する」となります。

関連語

自 **über|gehen**★ S 向こう側に移る・変わる・渡る
他 **tot|schweigen** ～を黙殺する・無視する

072 ## vernehmen★★

～を聞く・耳にする；～を尋問する・審問する

du vernimmst	vernahm
er vernimmt	vernommen

他

Kritische Töne waren von ihm nicht zu **vernehmen**.

批判的な口調は，彼の口からは聞くことはなかった。

例文解説

sein + zu 不定詞句で「～されうる・～されるべき」という意味になります。ここでは，否定文「～されない」，かつ時制は過去です。

関連語

他 **wahr|nehmen**★★ ～を知覚する・～に気づく
他 **befragen** ～に質問する・尋ねる

075 読解練習

Am Unfallort wurden Zeugen von der Polizei **vernommen**. Ein Passant **überging** sie. Ein Polizist empörte sich, aber als er genau **horchte**, bemerkte er, dass der Mann anscheinend mit Kopfhörern Musik **lauschte**.

073

horchen

聞き耳を立てる・耳をすます

自

Man sollte in jedem Fall in sich hinein horchen.

人は，どんな場合でも自分の本心に耳を傾けるほうがよい。

例文解説

in sich[4] hinein で「自分の（心の）中へ」という意味です。hinein|horchen と分離動詞になる場合もあります。

関連語

成 die **Ohren spitzen** 耳をすます

自 **hin|hören** よく聞く・傾聴する

074

lauschen

（音楽に）耳をすます・聞き耳を立てる；隠れて聞く

自

Die anwesenden Touristen konnten dort der Orgelmusik lauschen.

ちょうどそこに居合わせた観光客たちは，パイプオルガンの演奏を聴くことができた。

関連語

形 **lauschig** 人目につかず快適な；静かな

他 **an|hören** ～を（注意深く）聞き取る・傾聴する

Wie lauschig es nur sechs Kilometer außerhalb der lauten Innenstadt sein kann!

騒がしい市街地からたった 6 キロ離れるだけでなんと静かになることか！

事故現場で目撃者たちが警察から聴き取りをされた。一人の通行人が警察を見過ごした。警察は激怒したが，警察がその男性に対して聞き耳を立てると，どうやらヘッドホンで音楽を聴いていたようである。

076

taub

耳の聞こえない；感覚の麻痺した；実質のない

形 比 tauber 最 am taubsten

Die meisten Behörden stellen sich taub.

ほとんどの役所は市民に耳を貸さない。

例文解説

viel の最上級 meist は複数形名詞に添えられます。sich[4] stellen にはいろいろな意味がありますが，ここでは「態度をとる」といった意味（直訳すると「耳が聞こえないような態度を取る」）です。

関連語

形 **gehörlos** 聴覚のない・耳の聞こえない

形 **gefühllos** 感覚のない・麻痺した；冷酷な・無神経な

077

streifen

～に軽く触れる・なでる

他

Dieses Thema streifen sie im Film nur marginal.

そのテーマは，映画作品中では付随的に触れられているだけである。

例文解説

文の主語 sie は，不定の複数形で，そこに関わっている人々のことを指します。

関連語

他 **berühren** ～に触れる

他 **streichen*** ～を軽くなでる

080

読解練習

Ich fühle mich taub. Ich habe mir in den Arm gekniffen. Danach habe ich die beiden Hände auf den Tisch gestemmt. Ich habe mir durch das Haar gestreift. Dennoch bleibt alles wie im Traum.

078 kneifen*

～をつねる・つまむ

他

kniff
gekniffen

Ich musste mich erst **kneifen**, um herauszufinden, ob es wirklich wahr ist.

それが本当か信じられなくて，自分をつねりたいほどだった。

例文解説

信じられないことが起きたときに「ほっぺたをつまむ」という表現が日本語もありますが，それと似た表現がドイツ語にもあるのが面白いです。

関連語

他 **zwicken** ～をつねる・つまむ

他 **zwacken** ～をつねる；～を苦しめる

079 stemmen

～を持ち上げる；～を強く押し当てる

Um das Projekt finanziell **stemmen** zu können, haben die Studenten eine Crowdfunding-Kampagne gestartet.

そのプロジェクトを金銭面で支えられるように，学生たちはクラウドファンディングを開始した。

例文解説

um + zu 不定詞句で「～するために」という目的を表す表現になります（副文でいえば damit の文に対応します）。

関連語

他 **drücken** ～を押す；押して変形させる

他 **wuchten** （重いものを力を入れて）持ち上げる・苦労して動かす

実感がわかない。腕をつねってみた。両手を机の上に上げてみた。さらに自分の髪をなでてみた。それでもすべて夢のようだ。

mir in den Arm は身体の 3 格を用いた表現。

081

zerren

～を乱暴に引っ張る・強引に引きずる

Die Zeitung wollte die Nachricht vor die Öffentlichkeit zerren.

その新聞社は，そのニュースを世間に暴露しようとした。

例文解説

zerren は「引っ張る」という移動を伴う意味ですので，前置詞 vor（3・4 格支配）は，この場合 4 格支配になります。

関連語

㊐ **rupfen**　～をむしり取る；引っ張って取る
㊐ **zupfen**　～をつまむ・つまんで引っ張る；（弦楽器を）つまびく

082

rütteln

～を揺り動かす；ふるいにかける

Die Pfanne ist nicht so schwer, dass man sie gut rütteln kann.

このフライパンはさほど重くないので，しっかりと振って使える。

例文解説

so 形容詞, dass ～で「あまりに…なので～だ」という構文です。
nicht so 形容詞で「それほど～ではない」という意味になっています。

関連語

㊐ **schütteln**　～を振る・揺さぶる
㊐ **stoßen**★★　～を激しく突く；突き動かす

085

読解練習

Der Fuchs **streckte sich** einmal und **rüttelte** den Baum. Drei Äpfel sind heruntergefallen. Er **wälzte** den großen Stein zur Seite und **zerrte** die Beute in seinen Bau. Nun ist Essenszeit.

wälzen

(重いものを) 転がす・押しのける；(責任などを) 押し付ける

Die Leute wälzen sich zum Rathaus.

人々が市役所にどっと押し寄せる。

例文解説

sich⁴ wälzen で「転げ回る・どっと押し寄せる」などの意味になります。

関連語

他 **rollen** ～を転がす；～を巻く

他 **drängen** ～を (…の方向へ) 押しやる

strecken

～を伸展する；手を差し伸べる；～を打ちのめす；〔再帰〕体を伸ばす

Die Sonnenblumen strecken ihr Gesicht nach der Sonne.

ひまわりは正面を太陽のほうに向けて伸びている。

例文解説

手や体を伸ばす方向には nach ～³「～³ に向かって」を使います。ここでは nach der Sonne「太陽のある方向」となっています。

関連語

女 die **Strecke** *pl.* -n 道のり・区間・路線

他 **recken** ～をまっすぐに伸ばす

キツネは一度伸びをして，木を揺らした。リンゴが 3 つ落ちてきた。大きな石を動かして，獲物を自分の巣に引きずり入れた。さて，今から食事タイムだ。

086

spreizen

（手足や翼を）大きく広げる・伸ばす

Das Kind steht vor seinem Zimmer und spreizt die Arme, damit niemand sein Zimmer betritt.

その子どもは，誰も自分の部屋に入らないように，部屋の前に立ち，両手を広げている。

例文解説

damit で導かれる副文は，「～できるように」という目的を表す文になります。「できる」というニュアンスから話法の助動詞 können が実際に添えられることもあります。ここでは niemand「誰も～ない」という否定表現が用いられていますので，文全体は「～できないように」という意味になります。

関連語

他 **aus|strecken** （手足などを）伸ばす
他 **grätschen** （足などを）広げる・ふんばる

087

regen

（手足などを）動かす；〔再帰〕活動する

Sich regen bringt Segen.

《諺》よく働くものには福が来る。

例文解説

再帰動詞 sich[4] regen が不定詞句として文の主語になっています。sich regen が主語，Segen が目的語です。

関連語

他〔再帰〕sich[4] **bewegen** 動く・移動する
他〔再帰〕sich[4] **rühren** 動く；活動する・努力する

090
読解練習

Auf einem langen Flug sollte man sich manchmal etwas regen und seine Zehen regelmäßig spreizen, um das so genannte Economy-Class-Syndrom zu vermeiden. Auf Zehenspitzen schleichen hilft auch.

088

die **Zehe**

足指；にんにくの小鱗茎

女 *pl.* -n

Er schlägt sich aus Versehen die Zehe an.

彼はうっかり足の指をどこかにぶつける。

例文解説

タンスの角で足の小指をぶつけると痛いです。Versehen は「しくじり・うっかりして犯すミス」で，aus（～から）と共に用いて，「うっかりして」という意味です。

関連語

男 der **Zeh** *pl.* -en 足指

女 die **Ferse** *pl.* -n （足や靴下の）かかと

089

schleichen★

忍び足で歩く；〔再帰〕こっそり歩く・忍び寄る

自 S；他

schlich
geschlichen

Das Kind schleicht direkt nach oben in sein Zimmer.

その子どもは直接自室へと忍び足で上がっていく。

例文解説

schleichen は移動動詞ですので，完了形は sein 支配です。また移動先を表す前置詞を伴います（in sein Zimmer）。in ＋ 4 格になっています。

関連語

自 **lauern** 隠れて待つ；こっそりのぞく

自 **trudeln** S ゆっくり歩く；ふらふら落下する

長時間のフライトでは，いわゆるエコノミークラス症候群を防ぐために，ときどき手足を大きく広げたり，足の指を規則的に動かしたりするのがよい。つまさき立ちで歩くのも効果がある。

091

stampfen

ドスンドスンと足踏みする；突き進む

自 h ; 自 s

Die Leute **stampfen** im Takt.

人々はリズムに合わせて足踏みをする。

例文解説

im Takt は「拍子を合わせて」という意味ですが，nach Takt und Noten で「拍子や楽譜に忠実に＝正式に・徹底的に」という表現もあります。

関連語

自 **trampeln** ドシンドシン踏む・踏み鳴らす
他 **zertreten**★★ ～を踏みつぶす；踏みにじる

092

wackeln

ふらふら歩く；ぐらぐらする・不安定な状態である

Viele Stimmen **wackeln**, es gibt Tränen.

多くの声が震えている。涙が流された。

例文解説

自動詞ですので，揺れるものが主語になるか，人が主語の場合，mit ～[3] を使います（例：Er wackelt mit den Hüften. 腰を振る）。

関連語

形 **wackelig** ぐらぐらする・揺れる；不安定な・不確実な
自 **wanken** 揺れる・ゆらぐ；心が定まらない

095

読解練習

Das Tanzen ist fast so alt wie die Menschheit. Ursprünglich diente das Tanzen dazu, Götter zu verehren. Außerdem **stampft** man, um Geister zu vertreiben. Mehr als nur die **Hüften wackeln**, um mit dem Körper Geschichten zu erzählen. Die Gefühle **kippen**.

093
kippen

傾いて倒れる・横転する；（中身を出すために）～を傾ける

自 S ；他

Schneller geht es, wenn Sie Ihren Kaffee ins Müsli kippen.

コーヒーをシリアルに入れてしまえば，時間短縮になる。

例文解説

es geht の es は，「時間」や「状況」を表す非人称主語です。「朝の忙しい時間に，時短をしたければ…」ということで，schneller が文頭に置かれています。

関連語

自 **um|fallen**☆☆ S　倒れる・転倒する

男 der **Kipplaster**　*pl.* -　ダンプカー・荷台が傾けられる荷車

094
die Hüfte

腰・腰部

女 *pl.* -n

Meine Hüfte und das Knie haben einiges abbekommen.

腰と膝を少々壊してしまった。

例文解説

ab|bekommen は分離動詞で「（損傷などを）受ける」という意味です。目的語として etwas や einiges（いずれも「少々」などの意味）を添えることが多いです。eins ab|bekommen だと「一発がつんとやられた」という意味になったりします。

関連語

女 die **Taille**　*pl.* -n　ウエスト（くびれ）

女 die **Lende**　*pl.* -n　腰部

踊りは人類の歴史のはじめから存在する。元来，踊りは神を称えるためのものであった。霊を追い払うために足踏みもする。体でストーリーを語るのは腰を振るだけではない。感情があふれ出す。

096

sich^4 bücken

〔再帰〕身をかがめる；曲げる

㊀他

Ohne das Rückgrat könnten wir uns weder bücken noch den Oberkörper drehen.

背骨のおかげで，私たちは身をかがめたり，上体をねじったりできる。

例文解説

weder A noch B で「A も B も～ない」という否定表現です。
また，接続法 2 式の仮定法であることにも注意してください。背骨がなければ身をかがめることも上体をねじることもできないだろう，というのが直訳です。

関連語

他〔再帰〕sich^4 **biegen**★　曲がる・たわむ
他 **neigen**　～を傾ける

097

hocken

しゃがんでいる・うずくまっている

自（南部：S）

Kinder hocken gerne auf den Schultern ihrer Mütter und Väter.

子どもたちは母親か父親に肩車をしてもらうのが好きだ。

例文解説

肩車では，両肩にそれぞれ片足ずつ乗せるのが一般的ですので，Schulter は複数形（auf ～^{3} で auf den Schultern）となっています。両親の肩，という限定的な肩が述べられているので定冠詞です。auf den Schultern hocken で「肩の上にまたがってしゃがむ」＝「肩車をしてもらう」の意味になります。

関連語

男 der **Hocker** *pl.* -　腰かけ（ひじ掛け・背もたれのない）いす
自 **knien**　ひざまずいている；ひざまずく

100

読解練習

Schwindel ist ein beängstigendes Symptom. Oft tritt der Schwindel vor allem beim Bücken, Hocken oder Heben, aber auch in belastenden Situationen wie Angst und Stress auf. Das Lehnen an die Wand kann da gut tun.

098

lehnen

寄りかかる・もたれる；～をもたせかける・立てかける

自；他

Er steckt die Hände in die Hosentaschen, lehnt lässig am Tresen.

彼は両手をポケットに入れ，ただカウンターに寄りかかっている。

例文解説

lässig は「さりげなく」，Tresen はお店の売り台や酒場のカウンターなどの意味です。

関連語

女 die **Lehne** *pl.* -n 背もたれ・ひじ掛け

他 **stützen** ～をあてがう・支える

099

das Symptom

症候・症状

中 *pl.* -e

Welches Symptom verbindet man in erster Linie mit Tuberkulose?

最初に現れる症状がどんなであれば結核を疑いますか。

例文解説

in erster Linie は「第一線で，第一に，最初に」という意味です。

関連語

中 das **Anzeichen** *pl.* - しるし・徴候：前兆

中 das **Merkmal** *pl.* -e 特徴・しるし

めまいは不安になる徴候である。とりわけ身をかがめたり，しゃがんだり，立ち上がったりするときによくめまいが起こるが，不安やストレスなどの負荷のかかった状況でも生じる。壁にもたれかかるのがよい。

101
bleich

青ざめた・血の気のない

形 比 bleicher 最 am bleichsten

Sein Gesicht ist bleich, die braunen Augen schauen weit in die Ferne.

彼の顔は蒼白で，茶色の目は遠くを眺めている。

例文解説

目の色は，世界の９割くらいが茶色のようですが，ヨーロッパを中心に青や灰色なども見られます。そのため，ヨーロッパ経済圏に属する国籍保持者は，市民登録の際に目の色（Augenfarbe）も届け出るよう求められることが多いです。

関連語

自 **blitzen** 青白く光る・閃く
他 **bleichen** ～を漂白する；（恐怖などが）青ざめさせる

102
schwindeln

めまいがする；ごまかす

自

Wir wollen nicht schwindeln und wir wollen nicht lügen.

我々はごまかすつもりもないし，嘘をつくつもりもない。

例文解説

schwindeln に対応する形容詞 schwindelig は Mir ist schwindelig.（めまいがする）などのように使います。

関連語

男 der **Schwindel** めまい；詐欺・ぺてん
自 **lügen**★ 嘘をつく・偽る

105
読解練習

Er war im Rausch und sehr bleich. Es schwindelte ihm stark. Am nächsten Tag wollte er sich untersuchen lassen. Mit nüchternem Magen sollte er zum Arzt gehen. Resultat: Er hatte einfach zu viel getrunken.

103

der Rausch

酔い・酩酊；恍惚

男 *pl.* Räusche

Auch wenig Alkohol kann beim Fötus einen Rausch auslösen.

微量のアルコールでも，胎児に悪影響をもたらしうる。

例文解説

Fötus は Fetus とも書きます。直訳は「少しのアルコールでも，胎児に酩酊をもたらしうる」となります。

関連語

中 das **Rauschgift** *pl.* -e 麻酔薬；麻薬
男 der **Schwips** *pl.* -e ほろ酔い

104

nüchtern

胃が空っぽの；しらふの；冷静な・飾りのない

形 比 nüchterner 最 am nüchternsten

Er ist nüchtern und behält den Überblick.

彼は冷静で，視野が広い。

関連語

形 **bündig** 簡潔な・的確な；説得力のある
形 **magersüchtig** 拒食症の

Heute konnte man sich schnell und bündig austauschen.
今日はテンポよく，説得力を持って，意見交換ができた。

彼は酔って，顔が青ざめていた。激しいめまいがした。翌日，診察を受けなければならない状況だった。空っぽの胃で医者にかかるように言われた。結果は，単なる飲み過ぎだった。

106

lahm

麻痺した・しびれた；退屈な

形 比 lahmer 最 am lahmsten

Viel Schnee legt die Stadt **lahm**.

すごい雪で，その町の機能は麻痺した。

例文解説

…[4] in ～[4] legen で「…[4] を～[4] の状態にする」（die Stadt in Asche legen「町を灰にする」）のような表現があります。ここでは，in ～[4] ではなく，同じように結果を表す形容詞 lahm「麻痺」が使われており，似たような表現になっています。

関連語

他 **lähmen** ～を麻痺させる；～の活力を失わせる

形 **fade** 味気ない；退屈な

107

zucken

痙攣する・うずうずする；素早く動く

自 h；自 s

Sein Körper beginnt unkontrolliert zu **zucken**.

彼の体はかゆみ始めて，どうすることもできない。

例文解説

beginnen + zu 不定詞句で「～し始める」です。unkontrolliert は「コントロールされていない・制御不能な」です。

関連語

自 **vibrieren** 振動する・震える

自 **brennen*** （感覚的に）ひりひりする・ちくちくする；焼けるように痛む

110 読解練習

Wenn das Ober- oder Unterlid **zuckt**, sind die Auslöser meist banal. In seltenen Fällen ist Augen**zucken** aber das Symptom einer ernsten Krankheit. Es kann aber auch einen **Krampf** des ganzen Körpers verursachen und Körperteile können **lahm** werden. Ihr **Gefährte** sollte Sie deshalb regelmäßig beobachten.

108 der Krampf

瘂攣；危機；〔複数形なし〕悪あがき

男 *pl.* Krämpfe

Sport soll nicht Krampf sein, sondern Vergnügen, genauso wie Shopping.

スポーツは無駄な体力消費ではない。ショッピングと同じで娯楽だ。

例文解説

話法の助動詞 sollen は，社会通念や他者の意志を表します。この文の話し手はそのように思っていなくても，他のどこかで誰かが言っていた場合や一般通念的にそう言われている場合などは，この表現が適切です。

関連語

形 **krampfhaft** ひきつった・ぎこちない
中 das **Getue** 大げさな振る舞い・空騒ぎ

109 der Gefährte

同伴者；伴侶

男 *pl.* -n

Heute werden Katzen vor allem als Gefährten der Menschen gehalten.

今日では，とりわけ猫が人間の相棒として飼われている。

例文解説

Gefährte は男性弱変化名詞です。halten「～^{4} を飼う」の過去分詞 gehalten を用いて，受動文になっています。

関連語

男 der **Intimus** *pl.* Intimi 親友・心を許した相手
男 der **Genosse** *pl.* -n 同輩・仲間；同志

上下のまぶたが痙攣するのは，その原因はなんでもないことがほとんどである。しかし，稀に，目の痙攣は深刻な病気の前兆であることもある。体全体の痙攣を引き起こしたり，体の一部が麻痺してしまうこともある。そのため同居人などと定期的に観察しあうのがよい。

♫ 111 der **Wärter**

世話をする人；監視員

男 *pl.* -

Bei dem Angriff wurden ein Polizist und zwei Wärter leicht verletzt.

その襲撃の際，警察官が１人と警備員が２人，軽傷を負った。

例文解説

過去形の受動文です。主語は ein Polizist und zwei Wärter です。

関連語

男 der **Aufseher** *pl.* - 監督者・監視人
男 der **Pfleger** *pl.* - 世話人・看護人；飼育員

112 der **Zeuge**

目撃者・立会人・証人

男 *pl.* -n

Die Diät löste psychische Probleme aus, sagte der Zeuge.

ダイエットは心理的なトラブルを引き起こすとの証言がある。

例文解説

Zeuge は男性弱変化名詞です。この例文では，接続法２式の非現実話法が用いられています。そのような可能性があるが，真偽のほどはわからない，ということで接続法になっています。

関連語

男 der **Augenzeuge** *pl.* -n 目撃者・証人
男 der **Zuschauer** *pl.* - 見物人・観客・観衆

♫ 115 読解練習

Der Richter konnte dem Wärter, der Partei des Beklagten, den Vorzug vor der Bekundung eines Zeugen geben. Einer krankhaften Veranlagung komme gegenüber dem Unfall die überragende Bedeutung zu.

113 **die Veranlagung**

素質・体質・天分；査定

㊛ *pl.* -en

Manchmal trägt eine genetische Veranlagung Mitschuld an einer Erkrankung.

病気に罹患するのは遺伝で受け継いだ体質も関係する。

例文解説

Mitschuld は「罪を共に担うもの」で,「同罪・共犯」の意味です。ここでは遺伝が「病気の共犯者」ということです。

関連語

㊛ die **Disposition** *pl.* -en 素質・気質；意のままにすること

㊛ die **Befähigung** *pl.* -en 能力・資格；才能・技能

114 **der Vorzug**

長所・利点；好み・優位

㊚ *pl.* Vorzüge

Machen Sie sich diesen Vorzug mit zunutze.

この利点を是非活かしてください。

例文解説

sich^{3} ～^{4} zunutze machen で「～^{4} を自分の有利になるように利用する」という意味です。2 人称敬称 Sie の再帰代名詞 3 格・4 格は sich です。この例文ではさらに mit (zusammen と同じで「一緒に」の意味) も添えられています。

関連語

㊊ **vorzüglich** すぐれた・卓越した；立派な

㊍ **vor|ziehen**★ …^{3} よりも～^{4} を好む・優先させる；～を前方へ引き出す

裁判官は, 証人の証言よりも被告であるその監視員の言うことを優先した。この事故では, 病的な素質 (先天的な要素) が特に重要な意味を持つとのことである。

116

die **Reife**

成熟・円熟

Talente und Begabungen werden entdeckt und zur Reife geführt.
才能と資質が発掘され，さらに円熟される。

例文解説

受動文です。主語は Talente und Begabungen で，発見され (entdeckt)，そしてそれがさらに熟すように導かれる（zur Reife geführt）ということが言われています。なお，Talent は「誰でもできるわけではないことができる能力（才能）」，Begabung も Talent と意味は同じですが，天から与えられた「資質・天賦」のような意味合いです。

関連語

自 **reifen** S 熟する；成熟する
形 **reif** 成熟した；機の熟した

117

das **Geschick**

〔単数のみ〕巧みさ

Das Stricken verlangt ein gewisses handwerkliches Geschick.
編み物はある程度の手先の器用さが求められる。

関連語

中 das **Geschick** 〔単数のみ〕運命
成 **mit Eleganz** 巧みに・優雅に

Er hat am Samstag mit Eleganz drei Tore geschossen.
彼は土曜日，巧みに 3 ゴールを決めた。

120 読解練習

Sie hat eine flinke, geschickte Zunge und brachte unsere Diskussion mit einem guten Vorschlag zur Reife. Sie hat uns ihr diplomatisches Geschick voll aufgezeigt.

118 ## geschickt

巧みな；～に必要な能力を持っている

形 比 geschickter 最 am geschicktesten

Meine Großmutter war sehr **geschickt** mit der Nähmaschine.

私の祖母はミシン作業がとても巧みだった。

例文解説

auf/mit ～[3] geschickt sein で「～[3] に巧みである」という意味です。zu ～[3] geschickt sein で「～[3] に向いている・適している」という表現もあります。

関連語

形 **gelenkig** しなやかな・柔軟な
形 **gewandt** 熟練した・器用な

119 ## flink

素早い・敏捷な；器用な

形 比 flinker 最 am flinksten

Die Bewegungen des Drachen waren trotz dessen Größe sehr **flink**.

そのドラゴンの動きは，体は大きいのにとても素早かった。

例文解説

trotz は 2 格支配（または 3 格支配）の前置詞です。指示代名詞 dessen は，直前の Drache（男性弱変化名詞）を指しています。

関連語

副 **eilends** 急いで・至急に
形 **prompt** 敏速な・俊敏な；即座の

彼女は，早口で，しかし巧みな言い回しで，一つの良案でもって我々の議論に実りをもたらした。我々に，彼女の外交的手腕がはっきりと示された。

121

gescheit

利口な・分別のある；気の利いた

形 比 gescheiter 最 am gescheitesten

Wir waren **gescheit** in der Vergangenheit und heute haben wir Erfolg.

私たちは過去にうまくやったので，いま成功している。

例文解説

過去と現在が対比されているため，後段では heute が先頭（前域）に置かれています。対比的主題です。

関連語

形 **begabt** 才能のある
形 **verständig** 分別のある・理解のある

122

überlegen

卓越した；まさっている・優勢の；優越感にひたった

形 比 überlegner, überlegener 最 am überlegensten

Die Löwen waren **überlegen**. Die Gegner konnten kein gutes Spiel zeigen.

TSV1860 ミュンヘンが卓越してゲームを支配した。
相手チームはいいプレーがさせてもらえなかった。

例文解説

TSV1860 ミュンヘンは，ミュンヘンのヴィッテルスバッハ家の獅子の紋章をワッペンにしていることから die Löwen と呼ばれています。

関連語

形 **unterlegen** 劣っている
形 **vorrangig** 上位の・優位の；優先的な

125

読解練習

Die Mannschaft war dem Gegner eindeutig **überlegen**, hat mit 4:0 gewonnen. Alle haben sehr **gescheit** gespielt und haben nicht eine einzige Karte bekommen. Der neue Spieler war sehr **tüchtig** und wir haben gesehen, dass er für die Verteidigung absolut **tauglich** ist.

123
tauglich

役に立つ・有用な；～に向いている

形 比 tauglicher 最 am tauglichsten

Meine Kamera ist leider nicht wirklich tauglich für die Dunkelheit.

このカメラは暗闇には本当に向かない。

関連語

形 **zweckdienlich** 目的に役立つ・目的に適った
形 **angemessen** 状況にふさわしい・相応な

Das gibt viel Stress und ist nicht zweckdienlich.
それはストレスが溜まるだけで，目的に役立ちもしない。

124
tüchtig

有能な・能力のある；（強調で）甚だしい

形 比 tüchtiger 最 am tüchtigsten

Bei meinem Umzug haben viele Studierende tüchtig mitgeholfen.

私の引っ越しをたくさんの大学生が強力に手伝ってくれた。

例文解説

「大学生」は，男女混合の場合，本来 Studentinnen と Studenten を両方言わなければなりませんが，Studierende と現在分詞を使うと，性差を超えて一括で書けます（他には Student*innen とも書きます。※11ページの解説参照）。

関連語

形 **fähig** 有能な・能力のある
女 die **Tüchtigkeit** 有能なこと・能力があること

チームは敵チームより明らかに卓越しており，4：0で勝利した。全員がクリーンな戦いぶりで，カードを一枚ももらわなかった。新加入の選手はとても能力が高く，ディフェンスに極めて向いていることが示された。

126
nachdrücklich

力点のある・迫力のある

形 比 nachdrücklicher 最 am nachdrücklichsten

Die Fotos der Ausstellung bekräftigen die Tatsache **nachdrücklich**.

展示されている写真が，真実を強力に物語っている。

例文解説

bekräftigen は「裏付ける・証拠を示して強調する」という意味です。文の主語は die Fotos，目的語は die Tatsache で，「写真が，真実を強力に示す」ということが言われています。

関連語

形 **betont** 際だった・ことさらの；意図的な
男 der **Nachdruck** 強調，力点

127
rege

活発な・活気のある

形 比 reger 最 am regsten

Entlang der Flussufer und der Küsten wurde **reger** Fischfang betrieben.

川岸や海岸に沿って，盛んに漁獲が行われていた。

例文解説

文の主語は reger Fischfang で，この文は受動文（過去時制）です。entlang は 3 格支配（または 2 格支配）の前置詞で，この例文では 2 格支配になっています。

関連語

形 **emsig** 熱心な・せっせと励む
形 **lebhaft** 生き生きとした・活気のある

130
読解練習

Die modernen und **behaglichen** 17 Zimmer warten in unserem Hotel auf ihre Gäste. Wir können nur **nachdrücklich** sagen, dass sie hier jeden Tag einen **regen** Start haben werden und ihren **öden** Alltag vergessen können.

128
behaglich

快適な・居心地のよい；愉快な

形 比 behaglicher 最 am behaglichsten

Kaum haben wir uns **behaglich** neu eingerichtet, mussten wir schon wieder weg.

私たちは，新居に腰を据えられたかと思ったら，すぐに転居しなければならなかった。

例文解説

kaum は「～するやいなや」という意味です。2 つの出来事の時間のずれを表すために，kaum の文のほうを過去完了にし，他方を現在完了（または過去形）にすることもあります。

関連語

自 **behagen** h ～[3] の気に入る（=gefallen）
女 die **Behaglichkeit** *pl.* -en 快適な調度品；〔複数形まれ〕くつろぎ

129
öde

荒涼とした：不毛の；味気ない・退屈な

形 比 öder 最 am ödesten

Der Schauspieler alleine kann ziemlich **öde** und langweilig wirken.

その俳優単独ではかなり味気なく，刺激がないかもしれない。

関連語

形 **wüst** 荒涼とした；雑然とした
形 **langweilig** 退屈な

Ein wüster Streit zwischen meinem Vater und meiner Mutter entstand.
父と母の醜い言い争いが勃発した。

最新の，快適な 17 部屋が，当ホテルでお客様をお待ちしています。私たちは力を込めて申し上げます。お客様は当館で毎日活力にあふれた朝の始まりを迎え，退屈な日常とは無縁であると。

131

lässig

さりげない・無造作な；なげやりな

形 比 lässiger 最 am lässigsten

Der Fahrer trat lässig auf die Bremse.

運転手は無造作にブレーキを踏んだ。

関連語

形 **locker** 緩い；だらしのない

形 **salopp** ラフな；ぞんざいな

Salopp formuliert: das ist out.
カジュアルに言うと，それはもう時代遅れだ。

132

stumpf

鈍い・先の丸くなった；鈍感な・無関心な

形 比 stumpfer 最 am stumpfsten

Diese Schere wird so langsam stumpf und schneidet nicht mehr besonders.

やはりこのはさみはそろそろ切れ味が鈍くなってきたな。

例文解説

副詞の so には，はさみの使い手にも（購入して一定年数が経った，など）そろそろ切れ味が悪くなるだろうという心当たりがあって，「やはり・このように」というニュアンスが現れています。

関連語

形 **matt** ぐったりした・元気のない；鈍い

形 **passiv** 受け身の・消極的な

135 読解練習

Die Katze trägt den Schwanz lässig nach unten und miaut kurz stumpf. Aber ihre Augen schauen starr. Das Benehmen von Katzen ist schlicht mysteriös.

133
schlicht

簡素な・地味な；飾り気のない・率直な

形 比 schlichter 最 am schlichtesten

Wir haben schlicht keine Idee, was wir machen wollen.

私たちは，自分たちが何をしたいのか，まったくわからない。

例文解説

schlicht は einfach と同じように，「純粋に・まともに」という意味で使われます。was で始まるこの副文は，いわゆる間接疑問文です。

関連語

形 **kunstlos** 単純な；非芸術的な

形 **simpel** 単純な・易しい；素朴な；平凡な

134
starr

硬直した・こわばった；強情な

形 比 starrer 最 am starrsten

Während sie erzählt, kucken die anderen nur starr zu Boden.

彼女が話している間，他の人たちはただじっと下を見つめている。

例文解説

副文の sie は単数（動詞の形が単数）です。主文の die anderen は複数形です。kucken は gucken と同じです。

関連語

自 **starren** 硬直している；凝固している；凝視する

形 **unbeweglich** 動かない・不動の

その猫はしっぽをだらんと下にさげ，短く鈍く鳴く。しかし，その眼光にはかなり力が入っている。猫の振る舞いは純粋に謎だ。

136

steif

硬直した・こわばった；堅苦しい・ぎこちない

形 比 steifer　最 am steifsten

Schlagen Sie die Sahne in einer Schüssel **steif**!

ボウルで生クリームを角が立つまで泡立ててください。

関連語

形 **klamm**　（寒さで）凍えた・動かない

形 **linkisch**　きごちない・不器用な

Die Finger sind trotz der Handschuhe schnell klamm.
指が，手袋をしているにもかかわらず，凍えてしまった。

137

straff

ぴんと張った・引き締まった；厳しい

形 比 straffer　最 am straffsten

Die Bauzeit von weniger als drei Monaten bezeichneten sie als **straff**.

3 か月未満で建設せよなど，彼らは厳しいと思った。

例文解説

jn./et.^{4} als ～ bezeichnen で「…^{4} を～と見なす」という意味です。～の部分には形容詞や名詞が入ります。類似の熟語に，…^{4} für ～ halten があります。

関連語

形 **gespannt**　期待に満ちた；ぴんと張った

形 **stramm**　（生地などが）ぴんと張った・ぴったりした

140

読解練習

Die Hitze bleibt **zäh**. Die Frau war heute bei ihrem Mann im Krankenhaus. Sie hat mir erzählt, wie es ihm geht. Ihre Stimme war **straff** und ihr Gesicht mehr als **steif**. Es geht um eine **hartnäckige** Krankheit.

138 hartnäckig

頑固な；執拗な；(病気などが) 治りにくい

形 比 hartnäckiger 最 am hartnäckigsten

Das Verhalten war nicht hartnäckig, sondern unverschämt.

その振る舞いは頑固というより厚かましかった。

関連語

形 **verbissen** 強情な・粘り強い

形 **beständig** 絶え間ない；安定の・耐性のある

Eine Gruppe mit acht Piloten kämpft verbissen um bessere Arbeitsbedingungen.

８人のパイロットグループが，労働条件の改善を求めて粘り強く戦っている。

139 zäh

ねっとりとした・粘性の強い；(交渉などが) 進展しない

形 比 zäher 最 am zähsten, am zähesten

Der Verkehr fließt zäh, aber zum Glück fließt er unfallfrei.

交通量が多く，のろのろしか進めていないが，幸いなことに事故はなく流れている。

例文解説

unfallfrei のように，名詞＋ frei で「～なしで」という表現はかなり生産的に作れます。

関連語

形 **dickflüssig** (液体などが) 粘り気のある

形 **ausdauernd** 辛抱強い・ねばり強い

暑さが居座っている。その女性は今日，病院へ夫のお見舞いに行った。夫の具合を私に語ってくれた。治りにくい病気だそうで，彼女の声は厳しく，顔はかなりこわばっていた。

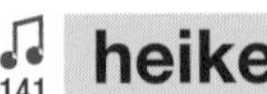

141
heikel

扱いにくい・微妙な

形 比 heikler 最 am heikelsten

Handgepäck gilt unter dem Blickwinkel der Sicherheit als besonders **heikel**.

手荷物は，安全の観点からすると特に扱いが難しい。

例文解説

als ～^{1} gelten で「～^{1} とされる・見なされる」という表現です。als の目的語部分には形容詞か，あるいは名詞の 1 格が来ます。

関連語

形 **delikat** デリケートな・扱いにくい
形 **verwickelt** 込み入った・厄介な

142
umgänglich

気さくな・付き合いやすい

形 比 umgänglicher 最 am umgänglichsten

Die Mitarbeiter sind total **umgänglich** und ich darf viel selbstständig arbeiten.

同僚たちは付き合いやすく，仕事もかなり任せてもらえている。

例文解説

前段と後段で主語が変わっています。前段の主語は die Mitarbeiter，後段の主語は ich です。仕事をする環境としてとても恵まれていることが言われています。

関連語

男 der **Umgang** *pl.* Umgänge 交際・付き合い；交際相手
自 **um|gehen*** S （うわさなどが）広まる・流布する；～^{3} を（mit ～^{3}）扱う・あしらう

145 読解練習

Er ist ein **umgänglicher** und **gefälliger** Mensch und hilft seinen Kollegen immer gerne. Heute war ich mit ihm in einem Café. Da hat er mich **gutmütig** angelächelt. Dabei gibt es gerade ein wirklich **heikles** Thema. Ihm wurde nämlich heute zum Ende des Monats gekündigt.

143

gutmütig

お人好しの・温厚な

形 比 gutmütiger 最 am gutmütigsten

Die Bären in der Region sind normalerweise gutmütig.

この地域に出没する熊は，通常は温厚である。

関連語

形 **barmherzig** 哀れみ深い

形 **mild** 穏やかな・温厚な

Meine Natur ist es, mit einem Wort, barmherzig zu sein.

私の性格は，一言で言うと，懐が深いです。

144

gefällig

好ましい・望ましい；親切な

形 比 gefälliger 最 am gefälligsten

Seine Stücke klingen gefällig und lassen auch keine Langeweile aufkommen.

彼の作品は耳心地がよく，まったく退屈しない。

例文解説

auf|kommen は entstehen と同じで「生じる・現れる」という意味です。使役動詞 lassen が用いられています。keine Langeweile が lassen の目的語でありつつ，auf|kommen の意味上の主語です。

関連語

形 **ansehnlich** 立派な；相当な

形 **hilfsbereit** 助力を惜しまない

彼は付き合いやすく，親切な人で，同僚たちの手伝いも喜んでする。今日，彼とカフェに行った。彼は私に柔らかい微笑みを向けてくれる。しかし，状況は本当に微妙だ。彼は今月いっぱいで解雇される通知を受けたのだ。

146

liebenswürdig

愛すべき・愛しい；好意あふれる

形 比 liebenswürdiger 最 am liebenswürdigsten

In Interviews gibt er sich entspannt und liebenswürdig.

インタビューの場では，彼の振るまいはリラックスしており好感が持てた。

例文解説

sich[4] geben で「振る舞う・態度を見せる」という意味です。

関連語

形 **entgegenkommend** 好意的な・親切な
形 **sympathisch** 好感の持てる・感じのよい

147

entzückend

魅力的な・すばらしい

形 比 entzückender 最 am entzückendsten

Die Schafe geben viel Wolle und sehen entzückend aus.

羊たちは豊かに羊毛を提供してくれ，見た目も魅力的である。

関連語

形 **charmant** 魅力的な・人の心を引きつける
形 **attraktiv** 魅力的な・興味をそそる

Das Mädel trägt ein blaues Kopftuch und lächelt charmant.
その少女は青いターバンを巻いて，魅力的に微笑んでいる。

150 読解練習

Die Kinder haben extra für uns ganz entzückend getanzt. Jedes der Kinder benimmt sich artig und höflich. Der gütige Gott hat auf die Erde so viele liebenswürdige Kinder geschickt.

148 ## gütig

善良な・好意的な・慈悲深い

形 比 gütiger 最 am gütigsten

Keineswegs ist die Natur immer nur gütig zum Menschen.

自然は人類に牙を剥くことがある。

例文解説

直訳は，「自然というものは，いつも人間に対して好意的であるばかりではない」となります。

関連語

女 die **Güte** 好意・善意・思いやり

形 **gnädig** 慈悲深い

149 ## artig

おとなしい・行儀のよい

形 比 artiger 最 am artigsten

An diesem Politiker ist vieles groß, aber wenig artig.

その政治家は，することはなんでも大きいが，行儀の良さは足りない。

関連語

形 **gehorsam** 素直な・従順な

形 **sittsam** 礼儀正しい・おとなしい

Wir sollten Lärm machen in einem stillen, gehorsamen Land.

私たちは声を上げない従順な国で大声を上げるべきだ。

子どもたちは，私たちのために特別にすばらしい踊りを見せてくれた。どの子どももお行儀がよく，丁寧である。慈悲深い神は，この世になんと愛すべき子どもたちを遣わしてくださったものだ。

151
zart

ほっそりした・もろい・繊細な；柔らかな

形 比 zarter 最 am zartesten

Er berührt den Ball nur **zart** und verfehlt dadurch den leeren Kasten.

彼はボールのタッチが甘すぎて，無人のゴールを外す。

例文解説

verfehlen は「(的などを) 外す」の意味です。dadurch の da は前段全体を指しています。

関連語

形 **zerbrechlich** 壊れやすい・もろい；弱々しい

女 die **Zartheit** 柔らかさ；優しさ

152
zierlich

小さくて上品な・愛くるしい・優美な

形 比 zierlicher 最 am zierlichsten

Das Auto ist innen überraschend eng und die Sitze sind geradezu **zierlich**.

この車は，内部が驚くほど狭く，座席も実に小さい。

例文解説

überraschend は動詞 überraschen「驚かせる」の現在分詞であり，これは文の主語である das Auto が驚かせてくる，という意味です。

関連語

形 **grazil** すらっとした・きゃしゃな

形 **schmal** やせた・細い；僅少な

155
読解練習

Der **zierliche** Schauspieler sitzt auf zwei Kissen, um besser über das Lenkrad kucken zu können. Sein Bruder ist auch **zart** gebaut und trägt immer drei T-Shirts übereinander, um etwas dicker auszusehen. Diese beiden Brüder benehmen sich **vornehm** und **sittlich**, sie gefallen allen.

153 **vornehm**

身分の高い・上品な

形 比 vornehmer　最 am vornehmsten

Das sind sehr bescheidene Modelle, aber gleichzeitig elegant und vornehm.

とても控えめな新作であるが，同時にエレガントで上品だ。

例文解説

文の主語は das（文法上は単数）ですが，補語が Modelle で複数形ですので，動詞は複数形 (sind) です。

関連語

形 **vornehmst** (vornehm の最上級)　主要な・重要な
形 **nobel**　心の気高い・雅量のある；気前のよい

154 **sittlich**

道徳的な・習俗規範的な

形 比 sittlicher　最 am sittlichsten

Dies ist also allenfalls ein sittliches Problem, aber kein strafrechtliches.

これは刑法で解決する話ではなくて，道徳上の問題だ。

例文解説

kein strafrechtliches は，本来は kein strafrechtliches Problem ですが，同じ語の反復を避け，Problem は省略されています。

関連語

女 die **Sitte**　*pl.* -n　風習；慣習；風紀
形 **ethisch**　倫理上の；道徳的な

その小柄な俳優は，ハンドル越しの景色がよく見えるように，クッションを2つ重ねて座って運転する。彼の兄弟も細身の人で，いつも少しでも肉付きよく見えるようにTシャツを3枚重ねて着ている。この兄弟は振るまいが上品でモラルもあり，みんなに好かれている。

 156

vulgär

卑俗な・下品な

形 比 vulgärer 最 am vulgärsten

Bis heute haftet ihr der Stempel an, **vulgär** gewesen zu sein.

彼女には，今のところ，下品であったという烙印が押されている。

例文解説

jm./et.[3] an|haften で「…[3] に備わっている・付着している」という表現です。ここでは Stempel（スタンプ・烙印）が押されている，という意味で，ihr は女性名詞単数 3 格です。

関連語

形 **derb** 丈夫な；粗野な・無遠慮な

形 **obszön** わいせつな・みだらな；けしからぬ

157

dreist

厚かましい・物怖じしない

形 比 dreister 最 am dreistesten

Sein Vorgehen war nicht nur **dreist**, sondern auch geschickt.

彼の振るまいは厚かましいものだったが，それだけでなく見事でもあった。

例文解説

nicht nur A sondern auch B で「A のみならず，B もだ」という表現です。

関連語

女 die **Dreistigkeit** *pl.* -en 厚かましい言動

形 **schamlos** 恥知らずな・厚かましい

160 読解練習

Der Titel des Films sei komplett der **Vulgär**sprache entnommen, aber auch sarkastisch gemeint und verleihe auf eine **freche** Weise den täglichen Frustrationen der Menschen Ausdruck. Die Produktionsfirma scheint **dreist** und **kühn**.

158

kühn

大胆な・勇敢な；極端な

形 比 kühner 最 am kühnsten

Die Vision ist kühn, aber durchaus realistisch.

このビジョンは大胆ではあるが，しかししっかりとリアリティもある。

例文解説

kühn は語源としては können と同じです。durchaus は「まったく・徹頭徹尾」という意味です。

関連語

形 **beherzt** 勇敢な・勇気のある

形 **verwegen** 向こう見ずな・大胆な

159

frech

無遠慮な・生意気な

形 比 frecher 最 am frechsten

Bei dieser Präsentation handelt es sich um eine freche Lüge.

そのプレゼン内容は，厚かましくも嘘ばかりだ。

例文解説

Es handelt sich[4] bei A[3] um B[4]. で「A は B だ」という表現になっています。A[1] stellt B[4] dar. も同じ意味になります（A ist B とも同じです）。

関連語

形 **impertinent** 厚かましい・恥知らずな

女 die **Frechheit** *pl.* -en 生意気・無礼な行動；〔単数形で〕厚かましさ

その映画のタイトルは俗語表現そのままであるが，皮肉として用いられており，人々の日頃の鬱憤をあからさまに表したものだとしている。この製作会社は物怖じせず大胆かもしれない。

161

listig

ずるがしこい・狡猾な

形 比 listiger 最 am listigsten

Die Tiere fassen einen listigen Plan und verjagen die Räuber.

その動物たちは，示し合わせて，うまく捕食者たちを追い払った。

例文解説

前段・後段とも，主語は die Tiere です。listig は，後段の動詞 verjagen を修飾しています。

関連語

女 die **List** *pl.* -en 策略；ずる賢さ

形 **findig** アイデアに富んだ；抜け目のない

162

eigensinnig

わがままな・自分勝手な

形 比 eigensinniger 最 am eigensinnigsten

Sie war eigensinnig, was die Leute denken, war ihr egal.

彼女は気ままで，他の人が何を思おうと彼女にはどうでもよかった。

例文解説

文意としては，Sie war eigensinnig で一旦切れます。その後，続けて，was die Leute denken が主語，war が動詞です。

関連語

形 **aufsässig** 従順でない；反抗的な

形 **unnachgiebig** こだわりの強い・譲歩しない

165

読解練習

Laut der Erzählung war Eulenspiegel ein umherstreifender Schalk des 14. Jahrhunderts, der sich dumm stellte, tatsächlich aber listig und gierig war und seinen eigensinnigen und eitlen Mitmenschen immer neue Streiche spielte.

163

gierig

貪欲な・渇望している

形 比 gieriger 最 am gierigsten

Wichtig ist, dass das ganze Team gierig bleibt.

大事なのは，チーム全体が勝利に貪欲で居続けられることだ。

例文解説

主語が Team ですので，競技かコンテストか何かで勝つことに対しての貪欲さ，というふうに訳しました。この Wichtig ist, ... という表現は便利ですので，覚えておくとよいでしょう。

関連語

女 die **Gier** 渇望・激しい欲望

形 **neugierig** 好奇心旺盛な

164

eitel

見栄っ張りな；無価値な

形 比 eitler 最 am eitelsten

Sie sind eitel und handeln sehr oft völlig verantwortungslos.

彼らは見栄っ張りで，まったく無責任な行動をよくする。

例文解説

...los（…のない・…なしの）は生産的に作れます。形容詞はそのままの形で副詞としても使えます。

関連語

形 **nutzlos** 無益な・使えない

形 **arrogant** 傲慢な・思い上がった

説話によると，オイレンシュピーゲルは 14 世紀のいたずら者で，自分のことを馬鹿だと言いつつも，実際には切れ者で貪欲であり，自分勝手で見栄っ張りな周りの人たちを懲らしめて回っていた。

オイレンシュピーゲル

166 **arg**

悪意のある・嫌な

形 比 ärger 最 am ärgsten

Die Partei wurde bei der Wahl arg gebeutelt.

その政党はその選挙で困難な問題を抱えるに至った。

例文解説

arg gebeutelt sein という成句で「困難な問題を抱えている」となります。ここでは動詞が sein ではなく werden ですので，「～である」ではなくて「～になる・～の状態に至る」となります。

関連語

男 der **Ärger** 怒り

中 das **Arg** 悪意・悪事

167 **grässlich**

恐ろしい・残忍な

形 比 grässlicher 最 am grässlichsten

In der Straße stinkt es immer noch grässlich.

この通りでは，ひどい汚臭が続いている。

例文解説

Straße に使われる前置詞は，①「路上」という意味では auf der Straße，②「エリア」という意味では in der Straße です。

関連語

形 **unheimlich** 不気味な・恐ろしい；不気味なほどの・非常な

形 **furchtbar** 恐ろしい・嫌な

170 読解練習

Sonderbar sind diese Leute. Was sie gestern arg verdammten, loben sie unerhört mit Inbrunst heute. Am gefährlichsten auf der Erde sind jedoch Menschen, die grässlich sind.

168 ## unerhört

前代未聞の・途方もない；聞き入られない

形 比 unerhörter　最 am unerhörtesten

Schnell kommen sie wieder zu Hause an, mit unerhört schönen Erlebnissen im Gepäck.

彼らはこの上なく素敵な経験を荷物に詰めて，急いで家路につく。

例文解説

zu Hause は「在宅の」，zu Hause an|kommen で「家に着く」となります。mit の句は修飾句です。

関連語

形 **unaussprechlich**　筆舌に尽くしがたい・表現不可能な
形 **unvorstellbar**　想像できない・考えられない

169 ## sonderbar

奇妙な・風変わりな；格別な

形 比 sonderbarer　最 am sonderbarsten

Vermieter fürchten, dass ihre sonderbaren Mieter nicht lange dort leben wollen.

貸主は，格別な借主が長く住み続けてくれなければどうしようと不安に思っている。

例文解説

借主にとって，貸している住まいを綺麗に使ってくれたり，家賃の滞納もないような信頼できる借主であれば，できる限りそこに長く住んで欲しいと願うものです。sonderbar は，ここではそのような，「良い意味で別格（格別）な」を意味しています。

関連語

形 **bizarr**　風変わりな・奇抜な　　形 **eigentümlich**　風変わりな；独特の・特有の

Der Besuch des Präsidenten war ein bizarres Ereignis.
その大統領の訪問は風変わりな出来事だった。

奇妙なのはこの世の人々だ。昨日悪意に満ちて非難していたことを，今日は途方もなく熱心に褒め称えたりもする。この世で一番危険なのは人間だ。人間は恐ろしい。

171
düster

陰気な；薄暗い

形 比 düsterer, düstrer 最 am düstersten

Was ich erzähle, ist nicht düster, sondern bloß real.

私がお話することは陰気な話ではなく，事実なのだ。

例文解説

nicht A sondern B で「A ではなく B だ」という意味です。bloß は「それ以上でもそれ以下でもない」というようなニュアンスです。

関連語

形 **finster** 暗い；不機嫌な

形 **barsch** 荒っぽい；無愛想な

172
schrill

かん高い・けたたましい

形 比 schriller 最 am schrillsten

Diese Stadt ist laut, schrill und bunt wie Berlin.

この町は，騒がしく，けたたましく，そして彩り豊かである。ベルリンのように。

関連語

形 **gellend** 鋭く響く・かん高い

形 **durchdringend** 貫き通るような

Die Zuschauer pfiffen gellend und verließen das Stadion.

観衆たちは甲高い口笛を鳴らしながら，スタジアムを後にした。

175 読解練習

Auf der Straße fahren Autos in allen Farben von düster bis schrill. In der schmalen Gasse versteckt er sich und kämpft mit der herben Kälte. Er ist erkältet und sagt mit heiserer Stimme: „Das ist das Ende."

173 **herb**

きつい風味の；(ワインなどが) 辛口の；目障り・耳障りな；無愛想な

形 比 herber 最 am herbsten

19 Prozent trinken an Silvester halbtrockenen Schaumwein und etwa ebenso viele Deutsche am liebsten herben trockenen Sekt.

19 パーセントの人が大晦日には中辛口のスパークリングワインを飲み，ほぼ同じ割合のドイツ人が辛口を最も好んでいる。

例文解説

Schaumwein と Sekt は同じ意味です。ebenso viel「同じ多さ」は先行する 19 Prozent を指します。

関連語

形 **unfreundlich** 不快な；不親切な
形 **schmerzlich** 苦しい・手痛い

174 **heiser**

耳障りな・(声の) かすれた

形 比 heiserer 最 am heisersten

Die innere Stimme des Menschen ist in den wichtigsten Momenten heiser.

人間の本音というのは，重要な局面では耳障りなものだ。

例文解説

Mensch は男性弱変化名詞です。

関連語

形 **rau** 粗い；かすれた
形 **kratzig** 耳障りな

通りでは暗い色から派手な色まであらゆる色の車が走っている。狭い路地に彼は身を隠し，厳しい寒さと戦っている。彼はすでに風邪をひいており，かすれた声で言う；「これで終わりだ」。

176 **krumm**

曲がった・歪曲した；不正な

形 比 krummer, krümmer 最 am krummsten, am krümmsten

Bei diesem Politiker gibt es keine Anzeichen für krumme Geschäfte.

その政治家には悪事の兆しがない。

例文解説

es gibt ～ 4 で「～ 4 がある」。否定冠詞が用いられているので「～ 4 が存在しない」の意味になります。

関連語

他 **krümmen** ～を湾曲させる・曲げる
形 **illegal** 不法な・不正な

177 **hohl**

中身のない，すかすかの，空洞のある・くぼんだ

形 比 hohler 最 am hohlsten

Warum sind täglich so viele Artikel so hohl?

なぜ毎日，これほど多くの記事の中身がすかすかなのだろう。

関連語

女 die **Höhle** *pl.* -n 洞穴
形 **leer** 空っぽの

Die nach Hochwasser tagelang in einer Höhle eingeschlossenen Touristen sind nun frei.
洪水で何日間も洞穴から動けなくなった観光客たちは自由の身となった。

180 読解練習

Die **krumme** Straße am Museum der Moderne wird wegen Bauarbeiten für Autos gesperrt. Fußgänger können sie begehen, aber müssen auf die teilweise **hohle** sowie teilweise **erhabene** Oberfläche der Straße und gefährliche **Stachel**drähten an den Baustellen aufpassen.

178
erhaben

崇高な；超越した；隆起した

形 比 erhabener 最 am erhabensten

Die Krankenkassen sind nicht über jeden Zweifel erhaben.

健康保険は人々の不安を払拭できていない。

例文解説

über ～[4] erhaben sein で「～[4]を超越した」という意味です。様々な疑念・不安が寄せられているが，そのどれをも乗り越えられる状況にない，というのが直訳です。

関連語

形 **konvex** 凸面の・中高の

形 **ehrwürdig** 厳かな・尊い

179
der Stachel

とげ・毒針・刺すもの；ちくちくとした痛み

男 *pl.* -n

Der Stachel der Rede sitzt bei allen Beteiligten tief.

そのスピーチのメッセージのとげは，すべての参加者の心に深く刺さっている。

例文解説

男性名詞で複数形が -n 型のものは，基本的には男性弱変化名詞なのですが，この Stachel は例外ですので注意が必要です。

関連語

男 der **Dorn** *pl.* -en とげ・針；苦痛を与えるもの

女 die **Borste** *pl.* -n 剛毛；（ブラシの）毛；ひげ

現代美術館のところの，例の曲がった道が工事のために自動車通行止めだ。歩行者は歩けるが，ところどころくぼんだり盛り上がったりしている路面と，工事現場の危険な有刺鉄線に注意する必要がある。

181

übertrieben

過度の・過剰な

形 比 übertriebener 最 am übertriebensten

Die Befürchtungen sind leicht übertrieben.

その心配事は，やや過剰かもしれない。

関連語

他 **übertreiben*** ～をしすぎる；～を誇張する

自 **untertreiben*** （実際よりも）控えめに話す・過小評価する

Er hat ziemlich untertrieben, als er sagte, es dauere nur zwei Stunden.
彼は，たった２時間で終わる，なんて言っている。かなり過小に見過ぎたものだ。

182

erheblich

相当な・著しい

形

Zur Tatzeit waren beide erheblich alkoholisiert.

事件発生時，二人とも相当にアルコールが入っていた。

関連語

他 **erheben*** ～を上へ上げる

形 **enorm** 甚大な・法外な・すごい

Es war mir wirklich enorm peinlich.
本当にものすごくばつが悪かった。

185 読解練習

Das **erhebliche** Rauchverbot scheint zwar **übertrieben**, aber das Verbot in öffentlichen Gebäuden verletzt nicht das Grundrecht der allgemeinen Handlungsfreiheit von Rauchern, **zumal** Raucher ihre Sucht auch **vollends** zu Hause befriedigen können.

183

zumal

特に・とりわけ；同時に・一斉に；特に～だから・～だからなおさら

副；接

Viele Kunden kommen mit dem Auto, zumal sie sehr viel auf einmal einkaufen.

多くの買い物客が車で来る。それは，一度にとてもたくさん買うので，なおさらだ。

関連語

副 **vorzugsweise** 主として・特に；優先的に
副 **eigens** 特に，わざわざ，ことさらに

Ich habe gedacht, das müsste ich nicht eigens sagen, weil es klar ist.
明らかなことなのでわざわざ言う必要がないと思っていた。

184

vollends

完全に・すっかり；ましてや・なおさら

副

Ihr Leben geriet vollends aus der Bahn.

彼女の人生は完全に軌道から外れてしまった。

例文解説

vollen は Fülle（いっぱい，満ちたを意味する）の古い形です。そこに現在分詞のように -d が付き，形容詞的になり，さらに -s が付くことで副詞化されています。

関連語

副 **absolut** まったくの・絶対的に；議論の余地なく
副 **gänzlich** 完全に・すっかり

著しい喫煙禁止は行きすぎだが，公共の建物で喫煙を禁じることは，喫煙者の一般的行動の自由という基本権を侵害しているとはいえない。喫煙したければ，その欲求は自宅でも完全に満たしうるのだから。

186 **mancherlei**

幾種類もの・さまざまの

不定数詞 無変化

Es hat schon **mancherlei** Versuche gegeben.

すでに幾重にも試みがなされた。

例文解説

es gibt ～^{4} で「～^{4} がある・存在する」という構文です。ここでは，それが現在完了形になっています（es hat ～^{4} gegeben）。

関連語

形 **allerhand**〔無変化〕 かなり多くの・さまざまの
形 **allerlei**〔無変化〕 いろいろな・さまざまな

187 **karg**

わずかの・乏しい；倹約な

形 比 karger, kärger 最 am kargsten, am kärgsten

Die Landschaft ist **karg**.

この景色には何もない。

例文解説

Landschaft「景観」は，様々なものが視界に飛び込んでくるものは reich「豊か」であったり，場合によっては malerisch「絵のような」と形容されますが，反対に何もないと karg「乏しい」となります。

関連語

形 **kärglich** わずかな・乏しい
形 **spärlich** わずかな・まばらな

190 読解練習

Eines Tages tauchen **mancherlei** Götter auf und **veranlassen** immer mehr Menschen dazu, mit ihrer Zeit immer **karger** zu sein. So **hetzen** die Menschen schließlich durch den Tag.

188 **veranlassen**

～のきっかけを与える・～の誘因となる

他

Vielleicht können wir diese Zeitung veranlassen, ihre Worte in Zukunft mit Bedacht zu wählen.

その新聞社に対しては，この先は慎重に言葉を選ぶように求めることができるかもしれない。

例文解説

この文の主語は wir，目的語は diese Zeitung です。「きっかけを与えつつ，今後の改善を求める」というニュアンスで，その求めの内容が zu 不定詞句の部分です。

関連語

女 die **Veranlassung** *pl.* -en　きっかけ・誘因・動機
前 **anlässlich**　（2 格支配）～の機会に，～を契機として

189 **hetzen**

～を駆りたてる・追い立てる；せかせかする；急いで行く

他；自 h；自 s

Die Polizei hetzte mit Polizeihunden den Täter.

警察が警察犬を使って犯人を追い回した。

例文解説

die Polizei は組織としての「警察」ですので単数形扱いです。

関連語

他 **verfolgen**　～を責め立てる；～を迫害する
他 **los|lassen**☆★　～をけしかける

ある日，多数の神々が現れ，ますます多くの人間たちに時間を惜しむようにさせる。人間たちは一日を急いで過ごすようになる。

191

die **Förderung**

助成・促進

女 *pl.* -en

Gestern wurde ein Entwurf zur Förderung des Radverkehrs veröffentlicht.

昨日，自転車利用の促進案が公表された。

例文解説

過去形の受動文です。zur Förderung は「促進のための」で，「〜のための」という意味の zu が使われています。さらに, des Radverkehrs で「自転車交通の促進」というように修飾されています。

関連語

他 **fördern** 〜を援助する・助成する

男 der **Vorschub** *pl.* Vorschübe 促進・助成・援助

192

die **Anordnung**

指示・指令

女 *pl.* -en

Das Aufstellen von Schildern geschieht nur auf Anordnung der Polizei.

看板の設置は警察の指示がなければできない。

例文解説

auf は「〜^{4} に基づいて」と意味で使われています。警察の指示に基づいて（根拠として）のみ，看板類が設置できる，ということが言われています。

関連語

女 die **Anweisung** *pl.* -en 命令・指示・指図

男 der **Befehl** *pl.* -e 命令・指図・指令

195

読解練習

Im kommenden Jahr tritt ein Gesetz zur weiteren steuerlichen **Förderung** der umweltfreundlichen Mobilität und zur Änderung weiterer steuerlicher **Vorschriften** in Kraft. Auf den Antrag wurde ein **Eid** geschworen. Die **Anordnung** ist unanfechtbar.

193 **die Vorschrift**

指図・定め・規定・規則

㊛ *pl.* -en

Rauchmelder sind seit einem Jahr Vorschrift.

火災報知器を備え付けることは一年前から法で定められている。

関連語

㊍ **vor|schreiben***

…³に～⁴を手本として書いてみせる；…³に～⁴を指図する・指示する

㊥ das **Statut** *pl.* -en 規約・規則・定款

Laut Statut ist für beide eine Wiederwahl möglich.

規約によれば，両者とも再選は可能だ。

194 **der Eid**

宣誓・誓い

㊚ *pl.* -e

Unter Eid darf nicht gelogen werden.

宣誓したら虚偽は許されない。

例文解説

lügen（嘘をつく）は自動詞で，自動詞の受動文です。主語は形式主語の es が立ちますが，文頭以外では省略されます。

関連語

㊚ der **Schwur** *pl.* Schwüre 誓い・誓約

㊥ das **Gelöbnis** *pl.* -se 誓約・固い約束

来年，環境に優しい乗り物を税優遇するため，そしてその他の税規則を変更するための法が施行される。申請者は申請内容が正しいことを宣誓する必要がある。この指示は絶対だ。

196

vollziehen★

～を実行する・遂行する；〔再帰〕起こる

㊕

vollzog
vollzogen

Sie wird eine politische Kehrtwende vollziehen.

彼女は，政治的立場を180度変えるのだろう。

例文解説

Kehrtwende は「180度方向転換をすること」です。
未来形（werden を使う）は，人称制限があり，主語が3人称であれば「推量」，2人称であれば「命令」，1人称であれば「意志」を表すことが基本です。

関連語

㊕ **durch|führen** ～を実施する・遂行する
㊕ **erledigen** ～を処理する・片をつける；へとへとにさせる

197

die Wette

賭け，競い合い

㊛ *pl.* -n

Die Spieler strahlen nach dem Sieg um die Wette vor Glück.

選手たちは誰も彼も，勝利を手にして，幸せを放っている。

例文解説

um die Wette で「競い合って，我先に」という意味で，ここでは選手たちのうれしそうな顔がどれもお互いに負けないくらい輝いている様子が表されています。

関連語

㊕ **wetten** （賭け事で）～を賭ける
㊚ der **Wettbewerb** *pl.* -e 競技会・コンテスト；（企業間の）競争

200

読解練習

Das Unwetter kann die Bürger nicht abhalten, ihr Bierfest zu feiern. Der Bürgermeister schafft es mit zwei Schlägen, den Fassbieranstich zu **vollziehen** und gewinnt die **Wette** gegen das Wetter. Nach der Feier fühlten **sich** alle **erschöpft**, aber der Spaß hat die Müdigkeit **überwunden**.

198

überwinden★

～に打ち勝つ；～を乗り越える

他

überwand
überwunden

Sprachbarrieren können überwunden werden.

言語の壁は乗り越えられる。

関連語

他 **übermannen** （眠気・痛みなどが）～を襲う・圧倒する；～を打ち負かす

他 **bewältigen** ～を克服する・片付ける

Am Ende seiner Rede wird er von den Emotionen übermannt.
スピーチの最後には，彼は感情があふれてきてしまう。

199

erschöpfen

～を使い果たす・消耗する；〔再帰〕疲れ果てる・尽きる

他

Diese Probleme sind vielfältig und die Debatten erschöpfen sich keineswegs so einfach.

これらの問題は入り組んでいて，決して簡単に議論が尽くされるものではない。

例文解説

再帰動詞 sich[4] erschöpfen で「尽きてしまう」という意味で，「人が疲れ果てる」という意味にもなりますし，「議論などが尽きる」という意味にもなります。keineswegs so einfach は nicht so einfach と同じです。

関連語

他 **verzehren** ～を使い果たす・平らげる

形 **erschöpft** 疲労困憊の・疲れ果てた

悪天候も市民たちがビール祭りを祝う邪魔ができない。市長はハンマーで２回打ちつけビール樽の口開けを実行し，天候との賭けに勝つ。祭りの後，全員がくたくたになったが，楽しさが疲れを上回った。

ビール樽に蛇口となる金具をハンマーで打ちつけます。

201

zersetzen

～を崩壊させる・分解させる・（秩序を）壊す

㊍

Das Parodontitisbakterium soll Zahnfleisch oder Zähne **zersetzen** und sogar tödlich wirken können.

歯周病菌は，歯肉や歯を壊し，死因ともなりうる。

関連語

㊎ **modern** Ⓢ 腐敗する・朽ちる

㊍ **unterminieren** ～に対して破壊工作をする；～の内部から徐々に弱らせる

Da modert es an allen Ecken und Enden in den Stadien.
スタジアムの隅々が老朽化してきている。

202

die Zerstreuung

分散・散乱；憂さ晴らし・娯楽

㊛ *pl.* -en

Nach so viel Arbeit tagsüber ist man froh über etwas **Zerstreuung**.

日中にたくさん仕事をした後は，ちょっとした気分転換があると楽しい。

例文解説

tagsüber（または untertags）は「昼の間・日中」の意味で，時間を規定するために添えられています。

関連語

㊛ die **Abwechslung** *pl.* -en 交代・交替；気分転換

㊛ die **Zersplitterung** *pl.* -en 分散・粉砕；四分五裂

205

読解練習

Ferienreisen bringen einem Erholung und **Zerstreuung** - das kann man gut verstehen. Dem Politiker hingegen hat es nur die Moral **zersetzt**. Er hat nämlich ein Hotelzimmer unter **geborgtem** Namen gebucht. Diese Tatsache wurde anschließend sehr schnell unter das Volk **gestreut**.

203

streuen

～を散布する・振りかける

Manche Köche streuen über den Knoblauch auch Salz.

料理人の中には，にんにくに塩をふる人もいる。

関連語

他 **verteilen** ～を均等に配分する・分配する

他 **verstreuen** （砂利などを）まく・振りまく；うっかりまき散らす

Es wurde an Bedürftige verteilt, was Supermärkte auf den Müll geworfen hätten.

そのままだとお店がゴミとして出すだけだったものが希望者に配られた。

204

borgen

～を借りる；～を貸す

Sie bat, sich das Smartphone borgen zu dürfen, um die Polizei zu rufen. 彼女は，警察に電話するのにスマートフォンを貸してもらえないかとお願いした。

例文解説

見かけ上，zu 不定詞句が連続していますが，一つは bitten「依頼する」の目的語としての zu 不定詞句，さらに目的を表す副詞句としての um + zu 不定詞句が添えられています。

関連語

他 **leihen**★ ～を借りる；～を貸す

他 **aus|borgen** ～[4]を…[3]から借りる；～[4]を…[3]に貸す

休息と息抜きで旅行がしたくなる…それは理解できる。しかしその政治家はモラルを破ってしまった。偽名でホテルの部屋を予約したのだ。その事実はあっという間に人々の間にばらまかれた。

206

erfordern

（前提として）～を要求する・必要とする

㊉他

Besondere Situationen erfordern außergewöhnliche Lösungen.

状況が特殊であれば，解決策も普通のものでは足りない。

例文解説

「特殊な状況は，並大抵ではない解決策を要求する」というのが直訳です。

関連語

㊉形 **erforderlich** （前提として）必要な・必須の
㊉自 **bedürfen**☆☆ ～[2]を必要とする

207

die Forderung

要求・要請

㊉女 *pl.* -en

Der Richter entsprach mit seinem Urteil der Forderung des Staatsanwalts.

裁判官の下した判決は，検察官側の主張に沿ったものになった。

例文解説

et.[3] entsprechen で「～[3]に対応する」という意味です。この例文では der Forderung が女性名詞単数 3 格で，entsprechen の目的語です。

関連語

㊉他 **fordern** ～を請求する；～を要する
㊉女 die **Notwendigkeit** 必要性・急務

210

読解練習

Wollen Sie Forderungen aufgrund Ihrer Arbeitsbedingungen erheben? Sie können sich bei einem Rechtsanwalt erkundigen, ob und wie Sie vorgehen können. Aber Sie können so etwas auch schnell in einer App nachsehen. Solche Apps erfordern nicht viele Voraussetzungen.

208

sich⁴ erkundigen

〔再帰〕問い合わせる

Ich ziehe vor, mich zuerst zu erkundigen, bevor ich irgendetwas behaupte.

私は，何かを主張するときには予め下調べをするのが好みだ。

例文解説

vor|ziehen は「…[3] よりも〜[4] を好む」という意味で，この例文では 3 格目的語は明示されていません。4 格目的語に対応する部分が zu 不定詞句です。

関連語

自 **an|fragen** （一定の用件のことで）問い合わせる
自 **nach|fragen** 照会する・質問して情報を得る

209

nach|sehen☆★

〜を調べてみる・確かめる；目で追う

他；自

du siehst ... nach	sah ... nach
er sieht ... nach	nachgesehen

Hier können Sie alle Videos, Artikel und Bilder nachsehen.

こちらでは，すべての映像・記事・写真を視聴・閲覧していただけます。

関連語

他 **kontrollieren** 〜を検査する；統制する
他 **nach|prüfen** 〜を点検する・再検査する

Kontrolliert ließ die Feuerwehr das Gas abbrennen.
消防隊は，ガスをきちんと制御しながらわざと燃え尽きさせた。

労働条件に関わる要求をしたいですか。進められることはあるか，どのように進めることができるかを弁護士に照会することができます。しかし，これはアプリでも素早く確かめることができます。このアプリは使用するために多くを求めません。

211

ein|schreiben*

～に記帳する・登録する；(郵便物を) 書留にする；〔再帰〕登録する・大学に入学手続きをする

schrieb ... ein
eingeschrieben

Kein Wunder, dass **sich** etliche Studenten aus dem Ausland **einschreiben**.

海外からの留学生がかなり学籍登録していることは不思議ではない。

例文解説

Ausland「外国」は，自国以外すべてを指して外国ですので，単数形扱いです。

関連語

他 **verzeichnen** ～を書き留める・記載する

女 die **Einschreibung** *pl.* -en 書留；登録・学籍登録

212

die Urkunde

記録；証書；史料

女 *pl.* -n

Es gab zur **Urkunde** auch einen Wanderpokal.

優勝の印として，かつては持ち回りの優勝カップもあった。

例文解説

es gibt ～^{4} で「～^{4} がある・存在する」という構文です。Wanderpokal は，優勝チームに与えられ，次の大会のときに大会本部に返還し，また次の優勝チームに順に授与されていく優勝カップのことです。

関連語

形 **urkundlich** 文書（証書）の；文書に基づく

中 das **Diplom** *pl.* -e 古文書；資格証書

215 読解練習

Die **Lektüre** von 99 Backrezepten motiviert zum **Nachahmen** und Ausprobieren. Auf der Internetseite des Verlags können **sich** Kinder in die „virtuelle“ Backakademie **einschreiben** und eine Back**urkunde** zum Ausdrucken erhalten.

213

die Lektüre

8 行動

読むこと・読書；講読；読み物

女 *pl.* -n

Eine sorgfältige Lektüre der Papiere kann nicht schaden.

書類は入念に読んで損になることはない。

例文解説

Lektüre は語感からレクチャーすることと間違えやすいですが，「読むこと」という意味です。Kochbücher sind meine einzige Lektüre.「私は本といえば料理本しか読まない」などと使います。

関連語

女 die **Literatur** *pl.* -en　文学・文芸；文献
中 das **Schrifttum**　（特定のテーマの）文献・著作

214

nach|ahmen

～をまねる；～を手本にする

他

Orcas können sogar Wörter von Menschen nachahmen, zeigt eine neue Studie.

新しい研究によると，シャチは人の言葉をまねることさえできる。

例文解説

sogar は「その上・さらに」という意味です。シャチは賢い動物として知られていますが，さらに人の言葉すらもまねられる，ということが強調されています。

関連語

女 die **Nachahmung** *pl.* -en　模造品；〔通常単数で〕模倣；模範
他 **nach|machen**　～をまねる・模造する；後からする

99 のパンレシピが載っているこの書籍を読むと，真似てみて試してみたい気になる。出版元のウェブサイトでは，子どもたちが仮想のパン焼きアカデミーに登録でき，パン焼き証明書を印刷できる。

216

necken

〜をからかう・冷やかす；〔再帰〕じゃれ合う

他

Sie umarmen sich lange und **necken sich**.

彼らは長い時間抱き合い，そしてじゃれ合っている。

例文解説

動詞 umarmen も necken も，再帰代名詞 sich[4] が用いられています。お互いに抱き合ったりじゃれ合ったりしていますので，これは相互代名詞とも言えます。

関連語

他 **verspotten**　〜を嘲る・嘲笑する

自 **herum|tollen** S　あちこちはしゃぎ回る

217

der Hohn

あざけり・嘲笑

男

In jedem Satz schwingt **Hohn** mit.

どの文にもあざけりが滲んでいる。

例文解説

mit|schwingen は「共鳴する」という意味から，「…[3] に〜[4] が潜んでいる」（in + 3 格を用いる）という表現もできます。この例文では，どの文（Satz）にもあざけりが潜んでいるということが言われています。

関連語

自 **höhnen**　あざけりを込めて言う

女 die **Ironie**　皮肉

220 読解練習

Der **Hohn** bezeichnet in der Kommunikation eine stark abschätzige Verhaltensweise, die andere psychisch **plagen** kann. Nicht nur das **Prügeln** sondern auch schon das **Necken** ist eine große Verletztung der Würde des anderen.

218

plagen

～を苦しめる・～の肉体的苦痛の原因となる

Sind Sie gestresst, überfordert oder **plagen** Sie Sorgen?

あなたはストレスにさらされたり，過剰な負担を感じたり，心配事に苛まれたりしていますか。

例文解説

接続詞 oder の前までは，文の主語が Sie「あなた」で，あなたがストレスや過剰な負担を感じているかが問われています。後半の文の主語は Sorgen「心配事」があなたを苦しめているか，という意味です。

関連語

他 **peinigen** ～に苦痛を与える
他 **quälen** ～を苦しめる・困らせる

219

prügeln

～を（棒などで）殴る・体罰を加える

Spieler **prügeln** sich bei der Weltmeisterschaft.

選手たちは，ワールドカップで自分たちにむち打って頑張っている。

例文解説

prügeln「棒で殴る」は，それが他者に向かうと暴力的ですが，自分たち（再帰代名詞；sich^4）に向くと，自分たちを鼓舞するためにむち打っているニュアンスになります。

関連語

他 **hauen**★ ～を叩く・殴る
他 **ohrfeigen** ～に平手打ちをくらわす

あざけりは相手を心理的に傷つける，極めて軽蔑的な対人行為である。物理的な傷害は言うに及ばず，からかいも相手の尊厳を損なうものである。

221

verwunden

～を負傷させる；～の心を損ねる・傷つける

㊅

Bei dieser Strategie sieht man Möglichkeiten, wie das Land ökonomisch **verwundet** werden kann.

その戦略だと，国を経済的に弱らせてしまう可能性が見える。

例文解説

wie に導かれる副文が die Möglichkeiten の内容を表しています。das Land が verwunden の目的語です。

関連語

㊅ **verletzen** ～を傷つける・負傷させる

㊇ **wund** すりむけた・負傷した

222

misshandeln

～を虐待する・乱暴に扱う

㊅

Es ist auch Gewalt, seinen Partner emotional zu **misshandeln**.

パートナーに精神的乱暴を働くこと（モラル・ハラスメント〈モラハラ〉）も暴力の一つだ。

関連語

㊅ **missbrauchen** ～を乱用・悪用する；（性的に）虐待する

㊅ **foltern** ～を拷問する；ひどく苦しめる

Wird meine E-Mail-Adresse missbraucht?
私のメールアドレスが悪用されている？

225
読解練習

Wie viele Tiere **misshandelt** werden! Man muss beachten: die Trennung von Gott ist **Sünde** und Christus ließ sich für unser Heil **verwunden**. Die **Laster** werden in fünf geistige Sünden (Hochmut, Zorn, Neid, Geiz und Faulheit) und zwei fleischliche Sünden (Völlerei und Wollust) unterteilt.

223

das **Laster**

悪徳・悪習

中 *pl.* -

Aller Laster Anfang ist die Langeweile.

小人閑居して不善をなす。

例文解説

aller Laster は複数形 2 格です。Der Anfang aller Laster ist die Langeweile. と言っても同じですが，これは成句のため手を加えることがありません。同じ意味の表現に，Müßiggang ist aller Laster Anfang. があります。

関連語

女 die **Ausschweifung** *pl.*-en 度が過ぎること・逸脱
女 die **Angewohnheit** *pl.* -en 習慣・癖

224

die **Sünde**

（道徳上の）罪悪・違反

女 *pl.* -n

Jemand, der ohne Sünde ist, werfe den ersten Stein.

自分には穢れがないという者は，最初の石を投げよ。

例文解説

主語は 3 人称単数の代名詞 jemand で，そこに関係文が添えられています。werfe は接続法 1 式の要求話法です。

関連語

自 **sündigen** ～に対して（gegen ～[4]）罪を犯す・過ちを犯す
女 die **Verfehlung** *pl.* -en 過ち・過失；違反；非行

なんと多くの動物が虐待されていることか。神から離れる行為は罪であり，キリストは私たちの安寧のために自らを傷つけさせたことを注意（直視）しなければならない。悪徳は 5 つの精神的な罪（高慢，怒り，妬み，渇欲，怠惰）と 2 つの肉体的な罪（暴食，肉欲）に分類される。

226

verbrechen☆★

（悪事を）はたらく・罪を犯す

他

du verbrichst	verbrach
er verbricht	verbrochen

Wer wollte denn so einen Roman **verbrechen**?

こんな小説を書こうと思ったなんて，いったい誰の仕業だ？

例文解説

話法の助動詞＋動詞の原形（枠構造）です。denn は疑問文に添えて，疑問を強める働き（「いったい」）があります。

関連語

男 der **Verbrecher** *pl.* - 犯罪者；犯人

中 das **Verbrechen** *pl.* - 犯罪・悪事

227

rächen

～の仇を討つ・報復をする；〔再帰〕仕返しをする；〔事物を主語にして〕報いが来る

Dieser Verrat wird **sich rächen**.

この裏切り行為には，いつか報いが来るだろう。

例文解説

sich⁴ rächen で「仕返しをする」です。直訳すると「この裏切りがいつか仕返しをしてくる」です。主語が 3 人称の未来形（助動詞は werden）は推量の意味です。

関連語

女 die **Rache** 復讐・報復

他 **heim|zahlen** …³ に～⁴ の報復をする

230

読解練習

Verbrechen sind rechtswidrige Taten, die im Mindestmaß mit Freiheitsstrafe von einem Jahr versehen werden. Laut Polizei habe ein Mann seine Ex-Freundin **umgebracht** und sei **verhaftet** worden. Die Hinterbliebenen wollten sie **rächen**, aber das darf man strafrechtlich natürlich nicht.

um|bringen★

8 行動

～を（故意に）殺す

brachte ... um
umgebracht

Der erkrankte König wollte sich umbringen.

その病気の王は自殺を試みた。

例文解説

不穏な例文ですが，見出し語が「殺す」という意味ですので，ご了承ください。sich[4] um|bringen で（自分で）自分を殺す＝自殺となります。

関連語

自 um|kommen★ S （天災などで）命を落とす・死ぬ；（食品などが）だめになる
他 morden （故意に）～を殺害する

verhaften

～を逮捕する

Seine Aufgaben sind Drogendealer zu finden und zu verhaften.

彼の任務は麻薬密売者を見つけ逮捕することだ。

例文解説

この文構造は，sein ＋ zu 不定詞句「～されうる」ではなく，主語に対応する補語の部分が zu 不定詞句なっている構文です。sein 動詞は A ＝ B を表す繋辞です。

関連語

他 ab|führen ～を連行する；（税金などを）支払う
他 fest|nehmen★★ ～を逮捕する

犯罪は，少なくとも 1 年の自由刑に処される可能性のある法に反する行為である。警察によれば，一人の男性が元恋人を殺害し，逮捕されたとのことである。遺族は復讐を望んだが，しかしそれも当然ながら法的に許されることではない。

231
flüchten

逃げる・逃亡する

自 S

Viele Menschen flüchten aus Angst vor der Wahrheit.

多くの人は，真実を直視できず，逃げたくなる。

例文解説

Angst が vor ～^{3} を伴って「～^{3} に対する不安・～^{3} を目の前にした不安」という意味で使われます。さらに，aus ～^{3} flüchten で「～^{3} から逃げる」という表現ですので，この aus の目的語に Angst が入っている，という構造です。

関連語

形 **flüchtig** 逃亡中の；迅速な

女 die **Flucht** 逃亡・脱走；回避・逃避

232
zurück|halten☆★

～を引き止める・抑止する・差し控える

他

du hältst ... zurück	hielt ... zurück
er hält ... zurück	zurückgehalten

Schließlich konnte sie ihre Freudentränen nicht mehr zurückhalten.

最後には，彼女はうれし涙を止めることができなかった。

関連語

他 **fest|halten**☆★ ～をつかまえておく；～に固執する

他 **bezähmen** （感情などを）抑制する

Ich konnte meinen Hunger bezähmen.

私は空腹を抑えられなかった。

235 読解練習

Zwei Männer hatten Waren in einem Supermarkt gestohlen, aber Angestellte des Geschäfts konnten das Duo vor der Flucht zurückhalten. Nach Ankunft der Polizei haben sich die beiden kräftig gewehrt und konnten schließlich doch flüchten. Jemand hält die Täter jetzt vor der Polizei verborgen.

233

sich⁴ wehren

〔再帰〕身を守る・抵抗する

Er musste sich gegen Kritik wehren.

彼は批判に対して自己弁護をせざるを得なかった。

例文解説

gegen ～⁴ は「～⁴ に対抗して・抗って」です。

関連語

他〔再帰〕sich⁴ **stemmen** ～に（gegen ～⁴）逆らう；～に体を押し付ける

女 die **Wehr** *pl.* -en 抵抗・防御・身を守ること

234

verbergen☆★

～を隠す・秘密にする

他

du verbirgst	verbarg
er verbirgt	verborgen

Er hatte keine Mühe mehr, seine Ungeduld zu verbergen.

彼は，我慢の限界に来ていることをもはや隠さなかった。

例文解説

zu不定詞句は，Müheにかかる修飾句です。kein- ～ mehrで「もはや～ない」です。

関連語

他 **tarnen** ～を見えなくする・偽装する

他 **verhüllen** ～を覆う・包む；覆い隠す

2人の男がスーパーマーケットで商品を盗んだが，店員たちが取り押さえた。警察が来てから，この2人は激しく抵抗し，逃亡に成功した。今も，誰かがこの犯人たちを警察の目からかくまっている。

236 ## vertraulich

内密の・内々の；親しい・打ち解けた

形 比 vertraulicher 最 am vertraulichsten

Die Beratung ist neutral, kostenlos und **vertraulich**.

相談は中立の立場で，無料で，そして秘密厳守でお受けいたします。

関連語

形 **geheim** 秘密の・内密の；隠された

形 **inoffiziell** 非公式の・内々の・内輪の

Das Rezept ist streng **geheim** oder besser gesagt, die verschiedenen Rezepte.

レシピは極秘だ，あるいはいろんなレシピがあるとも言える。

237 ## locken

～をおびき寄せる・誘惑する

Aufs Land soll die Bewerber ein Stipendium während der Studienzeit **locken**.

地方に志願者を誘うには，在学中の奨学金の存在が有効であると言われている。

例文解説

Studienzeit という語から，テーマは大学志願者であることがわかります。文の主語は ein Stipendium です。直訳は，「地方には，在学中の奨学金（の存在）が志願者を誘うと言われている」です。

関連語

他 **ködern** ～をおびき寄せる；誘惑する

他 **begeistern** ～を感激させる・熱中させる

240 読解練習

So wie schöne Blumen Bienen oder Fliegen **locken**, **verführen** Frauen auch **vertraulich** Männer, wie man es auf Werbeplakaten der fünfziger bis neunziger Jahre sehen konnte. Diese zarte **Versuchung** ist aber mittlerweile ein Ding der Vergangenheit.

238

verführen

～を惑わせて…させる・誘惑する

他

Smartphones verführen zum Blick aufs Display statt auf die Straße. スマートフォンは視線を前方ではなく画面に釘付けにしてしまう。

例文解説

jn. zu ～[3] verführen で「…[4] を～[3] へと誘惑する」となりますが，ここでは直接目的語は明示されていません。歩きスマホにせよ，運転中のながらスマホにせよ，前方の道路を見ない，いわゆる「前方不注意」になることが言われていますので，「前方」としてあります。

関連語

他 **verleiten** …[4] を惑わせて～（zu ～[3]）させる・誘惑する
他 **verlocken** …[4] を～へ（zu ～[3]）いざなう・誘う・そそのかす

239

die Versuchung

誘惑・試練（人を試すこと）

女 *pl.* -en

Schokolade stellt eine süße Versuchung dar, der man nur schwerlich widerstehen kann.

チョコレートは甘い誘惑であり，それに抗うことは難しいだろう。

例文解説

schwerlich は「まず～ないだろう・難しかろう」という，話し手の判断を示すものです。dar|stellen は「～である」（ほぼ sein と同じ意味）です。

関連語

男 der **Kitzel** *pl.* - ～したい（nach ～[3]）という気持ち・欲望
男 der **Versuch** *pl.* -e 試み・試行；未遂

美しい花が蜜蜂や蠅を誘うように，女性も親しげに男性を誘惑する。それは1950 年代から 90 年代の広告で目にすることができた。しかし，この甘い誘惑も，今はもう過去のものだ。

241

trügen★

～をだます・惑わす

他

trog
getrogen

Jeder weiß, dass Erinnerungen trügen können.

記憶は誤ることがあるのは誰でも知っている。

関連語

他 **blenden** ～の目をくらませる・幻惑する

他 **irre|führen** ～に道を迷わせる；～を惑わす・だます

Die neueste Technologie der Lichter blendet den Gegenverkehr nicht.
最新のライト技術では，対向車の目をくらませることもない。

242

täuschen

欺く；裏切る；〔再帰〕錯覚する

他

Die Verpackung kann täuschen.

パッケージにだまされることもある。

例文解説

直訳すると「パッケージが裏切ってくることがある」です。イメージ写真と実物が違うことがある…そんな話です。

関連語

女 die **Täuschung** *pl.* -en 詐欺・欺瞞；思い違い；錯誤

他 **betrügen**★ ～をだます・欺く

245
読解練習

Manche Verpackungen täuschen den Kunden durch ihre Größe. Firmen wollen nicht immer absichtlich trügen, aber mit Verpackungen lässt sich gut tricksen. Dabei verraten die Firmen das Vertrauen von Millionen Kunden und allzu übertriebene Täuschung gilt sogar gesetzlich als nicht gestattet.

243 verraten☆☆

～を裏切る；…に～をこっそり教える

他

du verrätst	verriet
er verrät	verraten

Dein Sternzeichen wird es dir **verraten**: Welcher Typ bist du?

君の星座が教えてくれる：君はどのタイプ？

例文解説

jm. et^{4} verraten で「…^{3} に～^{4} をこっそり教える」（または et.^{4} an jn. verraten で「…^{4} に～^{4} をこっそり教える」）という意味です。ヨーロッパでは星座占いが主流です。

関連語

男 der **Verrat**　裏切り・秘密を漏らすこと

他 **preis|geben**　～を見捨てる；（秘密などを）漏らす

244 gestatten

～を許す；〔再帰〕敢えて～する

Persönliche Fragen sind den Vermietern nicht **gestattet**.

貸主が借主のプライベートに踏み込む質問をすることは許されていない。

例文解説

能動文は Man gestattet den Vermietern nicht persönliche Fragen.「貸主に個人的な質問をすることを許さない」です。これに対応する受動文（状態受動）です。

関連語

他 **bewilligen**　～を承認する・認可する

他 **genehmigen**　～を許可する・認可する

多くのパッケージは商品の大きさを錯覚させることがある。企業はもちろん欺こうとしているわけではないが，パッケージで錯誤させやすいことは確かだ。企業はその場合多くの顧客を裏切ることになるし，また過剰すぎる錯誤は法的にも許されていない。

246 dulden

～を許容する・黙認する；～を辛抱する

Als Mieter muss man grundsätzlich Kinderlärm **dulden**.

部屋を借りようとする人は，基本的に子どもが発する声や騒音は受け入れなければならない。

関連語

女 die **Geduld**　忍耐・辛抱

他 **ertragen**★★　～に耐える・我慢する

Ich kann den Gedanken nicht ertragen, dass alle Mühe umsonst ist.

努力にお金が支払われないという考え方には耐えかねる。

247 gönnen

～を喜んで与える・恵む；～を心から喜ぶ

Derzeit scheint sich der Regen eine kleine Ruhepause zu **gönnen**.

いま，雨はしばしの小康状態のようだ。

例文解説

jm. et.^{4} gönnen で「…^{3} に～^{4} を恵む」という意味です。この例文では，sich^{3} eine Ruhepause gönnen で「自分に休憩を恵む」＝「休憩する」という意味になっています。

関連語

他 **bescheren**　（運命などが）～を与える・授ける；（クリスマスに）～を贈る

他（再帰）sich^{4} **freuen**　～を（über ～^{4}）喜ぶ

250 読解練習

Arbeitgeber müssen Brückentage gesetzlich nicht **gewähren**, aber Urlaubswünsche sind zu berücksichtigen. Sie haben auch das Recht zu entscheiden, ob sie Haustiere am Arbeitsplatz **dulden**. Aber manche **gönnen** ihren Arbeitnehmern jährlich einen Hundetag. Gott **segne** ein so menschliches Unternehmen.

248 gewähren

～を与える・(希望を) 認める

他

Den Nachbarn ist auf Verlangen Einsicht in die Baugenehmigung zu gewähren.

隣家には，求めに応じて，建築許可書を見せなければならない。

例文解説

jm. Einsicht in ～⁴ gewähren で「…³ に対して～⁴ を閲覧に供する」という意味です。また，jn. gewähren lassen「～⁴ の邪魔をしない・～⁴ にしたいようにさせる」という表現もあります。

関連語

女 die **Gewähr** 保証；担保

他 **ein|räumen** ～を容認する；～を譲る

249 segnen

～に祝福を与える・～を祝福する

他

Ich bitte Gott, euch zu segnen.

神に，君たちのことを祝福したまえ，と祈る。

例文解説

jn. um ～⁴ bitten で「…⁴ に～⁴ を依頼する」という表現です。Gott は 4 格目的語，um ～⁴ の部分は述べられていませんが，書くとすれば darum です。darum の da の部分が zu 不定詞句と呼応します。

関連語

男 der **Segen** *pl.* - 祝福・天の恵み；同意・賛成

他 **weihen** ～を神聖にする・清める・神に捧げる

雇用者は休日と休日の間の平日の休暇希望を法的には認める必要はないが，労働者の希望は考慮されるべきではある。雇用者は，またペットを職場に連れてくることを認めるかどうかの決定権も有している。一年に一日くらいペットデーを作るのはいいかもしれない。そういう人間味のある企業を神も祝福してくれるだろう。

原文は Hundetag（犬の日）となっていますが，犬に限らず Haustiere（ペット）の話ですので，「ペットデー」としています。

251

nähren

～を養う・～に栄養を与える；〔再帰〕栄養をとる

Die Ergebnisse nähren den Verdacht.

結果を見れば見るほど，疑念が深まっていく。

例文解説

直訳すると「結果が疑惑を育てる」です。

関連語

女 die **Nahrung** 栄養・食物・養分

他 **verpflegen** ～に食事を給する・食事の世話をする

252

zumute

～の気分である

Mir ist komisch zumute.

おかしな気分だ。

例文解説

jm. [形容詞] zumute sein で「…^{3}にとって～な気分である」という表現になります。人の部分 3 格名詞句を使います（この例文では mir)。

関連語

他 **zu|muten** ～^{3}に（無理なことを）期待する・無理強いする

女 die **Zumutung** *pl.* -en （不当・無理な）要求・期待・迷惑なこと

255 読解練習

Ich habe **mich entschlossen**, ins Ausland zu ziehen. Ich kann meinem Vaterland keine freundliche **Gesinnung** mehr zeigen. Was soll ich nur tun, wenn mir Tag für Tag zum Heulen **zumute** ist? Ich **nähre mich** nur noch von Alkohol.

253

die Gesinnung

心的態度・心情・主義

女 *pl.* -en

Man sagt, dass die Gesinnung dieser Religion alle Menschen einschließt.

この宗教の教えは，すべての人を包み込む，とされている。

例文解説

ein|schließen は「〜^{4} を（鍵をかけて）しまい込む・閉じ込める」という意味ですが，ここではキリスト教の世界観という「概念的空間」の中に包み込んでいることが言われています。「〜と言われている」という接続法 1 式です。

関連語

女 die **Einstellung** *pl.* -en 考え方・態度
女 die **Mentalität** *pl.* -en 気質・物の考え方

254

sich^4 entschließen*

〔再帰〕決心を固める

他

entschloss
entschlossen

Bisher konnten wir uns nicht entschließen, in welchem Land wir leben wollen.

この先，どの国で暮らしていこうかということを，今まで決められずにいた。

例文解説

再帰動詞 sich^4 entschließen で「決心を固める」という表現です。副文は間接疑問文です。

関連語

男 der **Entschluss** *pl.* Entschlüsse 決心・決断
形 **entschlossen** 心の決まった・思い切った

私は外国に移住することに決めた。もうこの母国に好意的な気持ちを示すことはできない。毎日毎日泣きわめきたくなる気持ちになったとき，何ができようか。私はアルコールを補給するしかない。

256 die **Miene**

顔つき・表情

女 *pl.* -n

Mit ernster Miene schüttelte uns der Präsident die Hände.

真剣な顔つきで，大統領は私たちと握手をしてくれた。

例文解説

文の主語は der Präsident（男性弱変化名詞），間接目的語が uns，直接目的語が die Hände です。

関連語

男 der **Ausdruck** 表現・表情

女 die **Gebärde** *pl.* -n 身振り・手振り；態度

257 die **Zuneigung**

好意・好感・愛情

女 *pl.* -en

Durch Berührung können Zuneigung und Liebe ausgedrückt werden.

ボディタッチの仕方で好意や愛情が表される。

例文解説

Berührung は「触れること」です。受動文で，「～によって（…される）」を表すのは，前置詞 durch ～[4] です。動作に意志性がある場合には，von ～[3] で「～によって」を表します。

関連語

男 der **Gefallen** *pl.* - 好意・親切

女 die **Zuwendung** *pl.* -en 金銭的な援助・寄付；〔通常単数で〕愛情・いつくしみ

260 読解練習

Wenn man für jemanden Zuneigung empfindet, denkt man alles sei positiv. Aber sieht man, wie der andere heiß vor Eifer nach Ruhm und Geld giert, kann man keine gute Miene mehr zum bösen Spiel machen. Jedoch ist es normal, dass jemand sich immer zu Gunsten von sich selbst verhält.

258

die **Gunst**

好意（のしるし）；〔複数で〕好都合

㊛ *pl.* -en

Unser Team nutzte die Gunst der Stunde.

我々のチームは好機を逃さなかった。

例文解説

この文の主語は unser Team，目的語は die Gunst です。der Stunde は女性名詞単数 2 格です。「時間の好都合＝好機」です。

関連語

前 **zugunsten** （2 格支配）～の利益になるように

㊛ die **Missgunst** 妬み

259

der **Eifer**

夢中・熱意

㊚

Die Schulanfänger sind schon mit großem Eifer dabei.

小学校 1 年生たちのやる気はもう，満ち満ちている。

例文解説

Eifer は「熱中」ですので，必ずしもこの和訳のような「やる気」だけとは限りませんが，「目がきらきらした様子」が伝わってきます。

関連語

形 **eifrig** 熱心な・熱中した

形 **eifersüchtig** 嫉妬深い

誰かに好意を寄せているときは，ポジティブ思考になれる。しかし，他人が名声やお金に躍起になっているのを目にすると，いい顔つきはできない（泰然とはしていられない）。しかし，人というのは，常に自分のために都合のいいように振る舞うものであり，それは自然なことだ。

261

die **Zuversicht**

確実な期待・確信

Wir können mit Zuversicht in die Zukunft unserer Beziehung blicken.

私たちの関係はますます良い未来になることを確信している。

例文解説

直訳は,「私たちの関係の未来を,確かな期待を持って見据えることができる」です。voller Zuversicht sein で「確信している」という表現もあります。

関連語

女 die **Hoffnung** *pl.* -en 期待

形 **zuversichtlich** 確信に満ちた・自信たっぷりの

262

zuverlässig

信頼できる・信ずるべき・確かな

形 比 zuverlässiger 最 am zuverlässigsten

Sie arbeiten auch ohne Technologie sicher und zuverlässig.

彼らはテクノロジーに頼らず,確実かつ信頼できる仕事ぶりだ。

例文解説

文の動詞 arbeiten を修飾する副詞として sicher und zuverlässig が添えられています。働きぶりが sicher であり,かつ zuverlässig ということです。

関連語

形 **vertrauenswürdig** 信用に値する・信頼するに足る

形 **glaubwürdig** 信用に値する・信頼するに足る

zuverlässig は verlassen（信用する）の派生語,
glaubwürdig は glauben（信じる）の派生語。意味は同じです。

265 読解練習

Die Firma **bildet sich** etwas auf ihre lange Tradition von über 100 Jahren **ein**. Aber ihre Konkurrenz hat ein neues, sehr **zuverlässiges** Angebot gestartet. „Wir haben schon zwei Millionen Kunden gewonnen. Wir haben volle **Zuversicht** für unsere Zukunft“, **prahlt** der Leiter der Firma.

263

sich^{3} ein|bilden

〔再帰〕思い込む・うぬぼれる

他

Wir sollen für alles dankbar sein und uns nichts einbilden.

私たちはいつも感謝の気持ちを持ち，決してうぬぼれてはならない。

例文解説

sich^{3} auf ～^{4} ein|bilden で「自分に～^{4}があると自慢に思う・自分の～^{4}を自慢する」という意味です。再帰代名詞は 3 格です。auf ～^{4}の部分がなくても，ein eingebildeter Mensch「うぬぼれ屋」のように使えます。

関連語

他 **wähnen** （誤って）思い込む・錯覚する

形 **anmaßend** 思い上がった・うぬぼれた

264

prahlen

いばる・誇示する

自

Er habe offenbar mit seinem Wissen prahlen wollen.

彼は自分の知識をひけらかしたかったとのことだ。

例文解説

prahlen「いばる」ときに，何を持っていばるかは mit ～^{3}で表します。この例文では接続法 1 式の間接話法が用いられています。

関連語

自 **groß|tun**★★ いばる・偉そうにする

他 〔再帰〕sich^{4} **brüsten** やたらと自慢する

その 100 年以上の長い歴史を持つ会社はうぬぼれている。競合相手は新しい，信頼できるサービスをスタートさせた。「当社はすでに 200 万人もの顧客を獲得しています。当社の将来性に対する全幅の信頼を得たものと思います」とその会社の社長は誇らしげである。

266

verwünschen

〜を呪う・いまいましく思う

Wir schimpfen auf das Unternehmen und verwünschen es häufig sogar.

私たちはその企業の文句を言い，呪いの言葉さえ頻繁に口にしている。

関連語

他 **verfluchen** 〜を呪う・呪詛する
他 **tadeln** 〜を叱る・責める・非難する

Das ist eine ganz verfluchte Geschichte.
それは実に呪わしい話だ。

267

reuen

〜を後悔させる

Ein Besuch dort wird Sie bestimmt nicht reuen.

そこを訪れて後悔することはないでしょう。

例文解説

この文の主語は ein Besuch dort，目的語は Sie です。3 人称を主語にした未来形（動詞は werden）は，推量の意味になります。

関連語

女 die **Reue** 後悔・悔恨
他 **bedauern** 〜を残念に思う・気の毒に思う

270

読解練習

Er hat einmal einen Kunden angelogen. Die Lüge reut ihn noch heute. Er verwünscht sein Benehmen von damals Tag für Tag. Aber er kann die Vergangenheit nicht ändern. Sein unsicheres Verhalten verwundert seine Kunden. Ihm wird bei jedem Kundengespräch angst und bange.

268

bange

気がかりな・おびえた

形 比 banger, bänger　最 am bangsten, am bängsten

Wir brauchen nicht **bange** zu sein um die Zukunft.

私たちは，将来を憂う必要はない。

例文解説

brauchen + nicht + zu 不定詞句で「～の必要はない」という表現です。通常 nicht を伴う場合に用いられ，「～の必要がある」という肯定文（brauchen + zu 不定詞句）は稀です。um die Zukunft は枠外配置です。

関連語

形 **beängstigt**　不安な・落ち着かない
形 **befangen**　ぎこちない・当惑した

269

verwundern

～に不審の念を起こさせる・不思議に思わせる

Das mangelnde Interesse kann nicht wirklich **verwundern**.

関心が集まらないのは，まったく不思議ではない。

例文解説

動詞 mangeln「不足する」が現在分詞「不足している」になり，それが形容詞として用いられています。分詞は，動詞と形容詞の性質を分有するため，形容詞（・副詞）として使えます。

関連語

他 **befremden**　～に奇異な感じを抱かせる・意外な念を起こさせる
他 **verblüffen**　～を唖然とさせる・あきれ返らせる

彼は顧客に面と向かって嘘をついてしまった。嘘をついたことを彼は今日もなお後悔せずにはいられない。彼は自分の振る舞いを毎日呪った。しかし彼には自分の過去を変えることができない。おどおどした態度が顧客にも伝わり，不信感を与えている。彼は顧客と話をする度に不安になる。

angst und bange werden で「不安になる」という表現。

271

der **Verdacht**

疑惑・猜疑

男 *pl.* -e

Die Studenten stehen im Verdacht, bei Prüfungen geschummelt zu haben.

その学生たちは試験で不正行為をした疑いが持たれている。

例文解説

Verdacht「疑惑」の内容として，zu 不定詞句が添えられています。zu 不定詞句は，完了の助動詞 haben を用いた完了形（完了不定詞）になっています。

関連語

形 **verdächtig** 疑わしい・怪しい・不審な

他 **verdenken*** ～のことで気を悪くする・感情を害する・恨みに思う

272

verlegen

当惑した・途方にくれた

形 比 verlegener 最 am verlegensten

Fast verlegen reagiert die Politikerin auf den Applaus und lächelt bitter.

その政治家は拍手に困惑した様子で，苦笑いをしている。

例文解説

auf ～^{4} reagieren で「～^{4} にリアクションする」という意味です。

関連語

女 die **Verlegenheit** *pl.* -en 当惑・困惑；窮地

形 **schamhaft** 恥ずかしそうな・恥ずかしくて困惑した

275

読解練習

Der Vater wird aufgrund eines unbegründeten **Verdachts** verhaftet. Das Kind hat **geschluchzt**. Der Vater lächelt **verlegen**. Die Mutter steht hilflos daneben. Am nächsten Tag ist der wahrhaftige Täter aufgetaucht. Man **staunt**, wie schnell sich so ein Drama entwickeln kann.

273

schluchzen

むせび泣く・すすり泣く

自

Die Prinzessin vermisste ihren Ehemann so sehr, dass sie tagelang nur schluchzen konnte.

王女は夫に会えない寂しさのあまり，何日もただすすり泣き続けた。

例文解説

so 副詞, dass ～ で「あまりに…なので～だ」という構文です。tagelang は「何日間も」という意味で，日ではなく週なら wochenlang，年なら jahrelang と言えます。

関連語

自 **jammern** 嘆き悲しむ・慟哭する；不平を言う
自 **wimmern** めそめそ泣く・しくしく泣く

274

staunen

驚く・感嘆する

自

Es gibt viel zu staunen und natürlich bleibt kein Auge trocken.

驚きの連続で，涙無しでは見られない。

例文解説

viel zu 不定詞句で「～すべきことが多い」, 反対に wenig zu 不定詞句であれば「～すべきことは少ない」となります。あるいは nichts zu 不定詞句であれば「～すべきことはない」です。

関連語

形 **erstaunlich** 驚くべき・すばらしい・めざましい
他〔再帰〕sich^4 **wundern** 不思議がる・驚く

父親は根拠のない容疑で逮捕される。子どもはすすり泣きをしている。父親は困惑した顔で微笑む。母親はなすすべなく横に立っている。翌日真犯人が現れた。このドラマの劇的な展開に誰もが驚いている。

276

scheußlich

見るも恐ろしい・ぞっとする

形 比 scheußlicher 最 am scheußlichsten

Das Wasser schmeckt **scheußlich** nach Rost.

この水は錆びの味がしてひどい。

例文解説

Das Wasser schmeckt scheußlich, und zwar nach Rost. とすると，「この水はひどい味がする。それは錆びの味だ」というふうに，scheußlich が修飾する範囲が動詞 schmecken であると明確になります。

関連語

形 **entsetzlich** 恐ろしい・途方もない
形 **schaurig** 身の毛もよだつ・不気味な

277

runzeln

（額などに）しわを寄せる；〔再帰〕しわが寄る

Über die unfähige Politik **runzeln** viele die Stirn und ziehen die Augenbrauen hoch.

無能な政治に多くの人が額にしわを寄せ，眉をひそめて，不快感を示している。

例文解説

直訳では「眉をつりあげる」ですが，日本語では「眉をひそめる」という慣用句を使います。なお，不快感を表すのに，「眉をひそめる」のは日本語と同じですが，「額にしわを寄せる」という表現もよく使われます。

関連語

女 die **Runzel** *pl.* -n （皮膚の）しわ
他 **krausen** （額などに）しわを寄せる；（髪を）縮らせる

280 読解練習

Wut und Enttäuschung über die Politik treibt hunderte normaler Bürger zu **scheußlichen** Beschimpfungen und strafrechtlich relevanten Drohungen. Andere Leute **runzeln** nur die Stirn. Diese **zornigen** Menschen, die **sich** über Politik **empören**, werden „Wutbürger“ genannt.

278

zornig

怒った・立腹した

形 比 zorniger 最 am zornigsten

Seine Stimme klang immer noch sehr zornig.

彼の声は，まだ彼がとても怒っていることを物語っていた。

例文解説

klingen は不規則動詞で，過去形は klang です（過去分詞は geklungen）。

関連語

男 der **Zorn** 怒り・立腹・憤慨

形 **erbost** 怒っている・しゃくにさわっている

279

empören

～を怒らせる・憤慨させる；〔再帰〕反抗する；怒る

Kritiker empören sich, doch die Aufregung ist übertrieben.

批判する人たちは激怒しているが，興奮するのは大げさだ。

関連語

副 **empor** 上へ・高く

他 **nerven** ～の神経をいらだたせる

Langsam klettert die Sonne im Osten hinter den Bergen empor.

そろそろ，太陽が東の空，山の向こうから昇ってくる。

政治に対する怒りと失望は，何百人もの一般市民におぞましい悪態をつかせ，刑法に触れるほどの威嚇行為を起こさせている。他の人たちは額にしわを寄せている。この政治に憤慨している，怒れる人々は「怒りの市民（Wutbürger）」と呼ばれている。

281

die **Erregung**

激昂・興奮

女 *pl.* -en

Sie müssen sich gezielter mit ihrer zornigen Erregung beschäftigen.

彼らは，もっとうまくアンガーコントロール（怒りの制御）をしなければならない。

例文解説

主語の Sie は 2 人称敬称か，3 人称複数（文頭なので大文字）なのかわかりづらいですが，文中の ihrer が小文字ですので 3 人称だとわかります。sich⁴ mit ～³ beschäftigen で「～³ に従事する・関与する」という意味です。

関連語

男 der **Verdruss** *pl.* -e 不愉快・不機嫌・立腹

女 die **Aufregung** *pl.* -en 激昂・興奮

282

toben

荒れ狂う・暴れる；はしゃぎ回る

自

Es kann nächste Woche auch ein Schneesturm toben.

来週には吹雪が吹き荒れる可能性がある。

関連語

他〔再帰〕sich⁴ **aus|toben** 荒れ狂う・暴れる

自 **tollen** はしゃぎ回る・騒ぎ回る

Zuvor haben sich die beiden bei einer Runde Badminton ausgetobt.

先ほど，二人はバドミントンを 1 試合して動き回った。

285 読解練習

Unerträglich langsam schraubt sich die Spannung nach oben. Mein Blut fängt an zu toben und ich spüre die nervöse Erregung. Sie scheint mit Peter ein bisschen zu vertrauten Umgang zu haben. Hastig fahre ich zu ihr, um sie nach der Wahrheit zu fragen.

283 ## vertraut

よく知っている・習熟している；親しい・懇意な

形 比 vertrauter 最 am vertrautesten

Meine Idee war, Kinder mit Büchern vertraut zu machen.

私のアイデアは，子どもたちに本に親しんでもらおうというものであった。

例文解説

mit ～[3] vetraut sein で「～[3] に親しんでいる」，jn. mit ～[3] vertraut machen で「…[4] に～[3] に親しませる」（使役表現）です。machen（英語の make）が使役表現になるのはドイツ語も同じです。

関連語

形 **familiär** 家庭の；親密な・打ち解けた

形 **intim** 親密な・心おきない

284 ## hastig

大急ぎの・性急な

形 比 hastiger 最 am hastigsten

Der Mann verabschiedete sich hastig und verschwand.

その男性は急いで別れの挨拶をすると，姿を消した。

関連語

女 die **Hast** 慌ただしさ・大急ぎ

形 **eilig** 急ぎの・緊急の

Das Tier wich ohne große Hast aus.
その動物は，急ぐそぶりもなく，ゆっくりとかわす動作をした。

我慢の限界がゆっくり訪れ，緊張の栓が外れる。いらだった激昂が僕の血管の中で暴れはじめる。彼女はペーターと少し親密になりすぎているようだ。僕は急いで彼女のところに行き，彼女に真実を尋ねなければならない。

286 gefasst

落ち着いた；心の準備のできた

形 比 gefasster　最 am gefasstesten

Der Täter hatte auf die Verkündung der Haftstrafe gefasst reagiert.

実行犯は，禁固刑が言い渡されたときも落ち着いて受け答えをしていた。

例文解説

auf ～^{4} reagieren で「～^{4} にリアクションする」という意味です。この文は過去完了となっています。

関連語

形 **beherrscht**　落ち着いた・自制した

形 **gleichmütig**　冷静な・心の揺るがない

287 an|heimeln

～の心を落ち着かせる；故郷をしのばせる

Ich finde dunkle Räume anheimelnd.

私は暗い空間が落ち着く。

例文解説

anheimeln という不定詞が現在分詞（不定形に -d を付ける）になっています。分詞は，動詞と形容詞の性質を分有します。ここでは …^{4} [形容詞] finden で「…^{4} を～と思う」という構文で，この形容詞部分に現在分詞が入っています。

関連語

形 **heimatlich**　故郷の；なじみの

中 das **Zuhause**　わが家・故郷

290 読解練習

Manche sind in diesen schwierigen Zeiten in einem angsterfüllten Zustand. Manche gehen ganz **gelassen** und **gefasst** mit der Situation um. Zum Schluss **heimelt** sie die alte Vaterstadt **an**. Die Stadt zahlt für sie eine **stattliche** Menge aus.

288

gelassen

冷静な・落ち着いた

形 比 gelassener, gelassner 最 am gelassensten

Er hat am Telefon einen gelassenen Eindruck gemacht.

電話からは，彼がとても落ち着いた雰囲気の人であることが伝わってきた。

例文解説

einen [形容詞] Eindruck machen で「～のような印象を与える」という表現です。am Telefon は，それが「電話越し」であることが示されています。

関連語

形 **ruhig** 落ち着いた・静かな

形 **geduldig** 気長な・辛抱強い

289

stattlich

立派な・堂々たる；多大の

形 比 stattlicher 最 am stattlichsten

Das Baby ist erst wenige Wochen alt, aber schon recht stattlich.

その赤ちゃんはまだ生後数週間だが，もう存在感は堂々たるものだ。

例文解説

erst は「まだ・やっと～になったばかり」という意味です。

関連語

形 **imposant** 堂々とした・立派な；感銘を与える

形 **beachtlich** 注目すべき・かなりの

多くの人々がこの厳しい時代に不安いっぱいでいる。状況に実に冷静に落ち着いて対応している人も多い。最後には，やはり故郷が彼らを落ち着かせてくれる。町が彼らのために多額の支出をしてくれている。

291
selig

（死んで）天福にあずかった・故人となった；きわめて幸福な

形 比 seliger 最 am seligsten

Wer zu vergeben weiß, wird **selig**.

敇すことができる人は，幸いである。

例文解説

wissen + zu 不定詞句で「～することを知っている・～の術を知っている」という意味です。

関連語

形 **verstorben** 亡くなった・故人の
形 **verklärt** 心が晴れ晴れとした・大いに喜ばしい

292
zögern

躊躇する・しりごみする・渋る

自

Erwachsene **zögern** heute mehr und mehr, den Kindern die alten Märchen vorzulesen.

最近は，大人が子どもたちに古い童話を読み聞かせることをますますしなくなってきている。

例文解説

この文の主語は Erwachsene です。動詞の目的語は zu 不定詞句全体です。mehr und mehr は「ますます」という，程度が高まっていることを表します。

関連語

他 **ab|warten** ～の到来を待つ・（～の時点まで）待ち通す
自 **zaudern** ためらう・躊躇する

295
読解練習

Zögere nicht, mich zu kontaktieren! Wir sollen zwar Reisen **unterlassen** und es eher **scheuen**, einander zu treffen, aber wir können uns auch online relativ gut austauschen. Wir können doch **selig** sein, wenn wir uns bald zum ersten Mal seit dem Beginn der Pandemie wiedersehen können.

293
scheuen

～に対してしりごみする・避けようとする；〔再帰〕～を（vor ～[3]）恐れる

Eltern **scheuen sich** häufig, wegen ein paar Kopfschmerzen zu einem Kinderarzt zu gehen.
親たちは，少々の頭痛なら子どもを小児科に連れていくことを遠慮しがちである。

例文解説

文の主語は Eltern「両親」で，Kinderarzt「小児科医」という語もあることから，親が子を診療に連れて行くということが言われているとわかります。前置詞 wegen は 2 格支配の前置詞です。

関連語

形 **scheu**　びくびくした・臆病な・内気な
他 **fürchten**　～を恐れる・怖がる

294
unterlassen☆★

～を慎む・控える；（なすべきことを）怠る

他

du unterlässt	unterließ
er unterlässt	unterlassen

Alle unnötigen Ausgaben sind zu **unterlassen**.
不必要な出費は控えるべきである。

例文解説

all- は定冠詞類ですので，この場合，複数形 1 格の語尾変化（-e）になります。unnötig は形容詞で，複数形名詞に対しては，弱変化語尾（-en）になります。

関連語

他 **vermeiden**★　～を回避する・避ける；予防する
他 **versäumen**　（なすべきことを）怠る；（機会などを）逃す

私に連絡をするのを遠慮しないで。私たちはたしかに今は旅行は控えるように言われているし，会うことも避けなければならないけど，オンラインでも情報交換できる。しかし，パンデミックが始まって以来，久しぶりにまた近く会えると，この上なく幸せでもある。

296

verweigern

〜を拒む・拒絶する

Ab Mittwoch verweigern die Piloten für drei Tage die Arbeit.

水曜日からパイロットたちは３日間の予定でストライキをする。

例文解説

die Arbeit verweigern で「仕事を拒む」ですが，これはストライキです。für + 日数で「〜日間の予定で」となります（予め日数がわかっているときに使います）。

関連語

他 **ab|weisen**★ 〜をはねつける・拒否する

女 die **Verweigerung** *pl.* -en 拒否・拒絶

297

versagen

〜を拒絶する・拒む；〔再帰〕断念する；うまく機能しない・役に立たない

Viele Geräte versagen schon bei Temperaturen um den Gefrierpunkt.

多くの機械は氷点付近の温度になるともう動かなくなる。

例文解説

um は「〜の周りに」で，ここでは氷点付近の温度，という意味です。氷点下にまでならなくても，1℃や0.3℃というように氷点が近づいてきたら動きが鈍くなることを言っています。

関連語

他 **verwehren** …^{3} に〜^{4} を禁じる・拒む

他 **ab|schlagen**★★ …^{3} の〜^{4} を拒絶する；〜^{4} を払いのける・たたき落とす

300 読解練習

Mein Brief ist mit dem Vermerk „Annahme verweigert" wieder zurückgekommen. Der Postweg hat also versagt. Was für Wege bleiben mir noch? Nein, ich leugne einfach alles. Es ist die Zeit gekommen, auf sie zu verzichten. Ich muss lernen zu entbehren.

298

leugnen

～を否認する・否定する

Zu leugnen sind nicht die kulturellen Unterschiede.

否定されるべきは，文化の違いではない。

例文解説

sein + zu 不定詞句で「～されうる・～されるべき」という意味になります。

関連語

他 **zurück|weisen*** ～を退ける・却下する
他 **bestreiten*** ～に異議を唱える・反論する

299

entbehren

～なしで済ます；～がなくて不自由する

Bier, Wein oder Schokolade glauben einige entbehren zu können.

ビールとワイン，チョコレートは，なくても耐えられるという人もいる。

例文解説

文の主語は einige［Leute］です。動詞 glauben は目的語に dass 文か zu 不定詞句をとって「～と思う」という表現をします。ここでは，zu 不定詞句が Bier, Wein oder Schokolade entbehren zu können ですが，Bier, Wein oder Schokolade は主題として取り立てられ，文頭に置かれています。

関連語

他 **missen** ～なしで済ます；～を欠く
自 **schmachten** ～を（nach ～^{3}）渇望する；思い焦がれる

僕の手紙は「受け取り拒否」のメモがついて戻ってきた。つまり，郵便は機能していない。他にはどんな道が残されているか？　いや，もうすべて否定する。彼女のことは諦めるときのようだ。僕は耐乏を学ばなければならない。

301 **gleichgültig**

無関心な；（～にとって）どうでもよい

形 比 gleichgültiger 最 am gleichgültigsten

Es ist vollkommen **gleichgültig**, welches Geschlecht Piloten haben.

パイロットが男性だろうが女性だろうが，本当にどうでもいい。

例文解説

本人が認知する性別には，今は weiblich「女性」，männlich「男性」，divers「X ジェンダー」の選択肢が設けられることが主流です。ある職業がどの性別に傾いているかというのは，もはや前時代的な議論です。

関連語

形 **achtlos** 不注意な・無頓着な
形 **unempfindlich** 鈍感な・無感覚の・平気な

302 **nachlässig**

無頓着な・気のこもらない，いいかげんな；カジュアルな

形 比 nachlässiger 最 am nachlässigsten

Wir waren zeitweise in der Defensive zu **nachlässig**.

我々は，守備で気を抜きすぎていた部分もあった。

例文解説

zeitweise は「一時的に・部分的時間に」，また nachlässig はこの例文では「ないがしろにする」という意味です。

関連語

他 **nach|lassen**☆☆ ～を値引く；緩める・軽減する
形 **oberflächlich** 表面的な・うわべの

305 読解練習

Die Regierung trifft immer nur rein **willkürliche** Entscheidungen. Das Volk weiß das alles. Die Bevölkerung fühlt sich von der Regierung **vernachlässigt**. Es sollte für eine Regierung keine **gleichgültigen** und **nachlässigen** Themen geben.

03
vernachlässigen

～をおろそかにする・なおざりにする

㊀他

Vor dem Spiel soll man das Aufwärmen nicht vernachlässigen.

試合前には，ウォーミングアップは手を抜いてはいけない。

例文解説

非分離前綴り ver- で始まる非分離動詞です。nachlässig は「無頓着な・いいかげんな」という意味で，それに ver- が付いた vernachlässigen は「いいかげんにする・手を抜く」となり，つまり見出しのように「おろそかにする」という意味になります。

関連語

他 **ignorieren** ～を無視する・度外視する

他 **benachteiligen** ～を不利益に扱う・冷遇する

04
willkürlich

自らの意志による・任意の；恣意的な；好き勝手な

形 比 willkürlicher 最 am willkürlichsten

Behörden agieren einfach willkürlich.

役所は本当に担当者によって対応がまちまちだ。

例文解説

副詞 einfach は「実に～としか言えない」のような意味です。willkürlich は「随意の」という意味の他，ネガティブな意味で「好き勝手な」という使い方もされます。市役所は建物だったり組織の総体ですので，恣意性があるのは担当者という生身の人間です。担当者の恣意によって対応がまちまちだ，ということが言いたい例文です。

関連語

形 **bewusst** 意識的な・意図的な・故意の

形 **beabsichtigt** 意図的な・もくろんだ

政府はいつも恣意的な決定しかしない。民衆は全部わかっている。国民は政府に置き去りにされていると感じている。一国の政府にとってどうでもいい，無頓着でいいテーマなどないのだ。

306

der **Vorsatz**

意図・故意；決心・決意

男 *pl.* Vorsätze

Generell ist es schwer, einen **Vorsatz** nachzuweisen.

故意かどうかを証明することは一般的に難しい。

例文解説

nach|weisen は分離動詞です。分離動詞を zu 不定詞にするときには分離前綴りと基礎動詞の間に zu を入れ，一語で書きます。この文の主語は es で，es を zu 不定詞句が説明しています。

関連語

女 die **Absicht** *pl.* -en 意図・もくろみ・計画
女 die **Intention** *pl.* -en 意向・意図；志向

307

sinnen★

思案する・考え込む；企てる

sann
gesonnen

Im Viertelfinale gegen Schweden **sinnen** sie jetzt auf Revanche.

スウェーデンとの準々決勝で，彼らは雪辱をもくろんでいる。

例文解説

sinnen は自動詞で，auf ～[4] または über ～[4] を伴います。

関連語

自 **sinnieren** 思案する；思いわずらう
他 **überlegen** ～のことを熟慮する・考えを練る

310 読解練習

Wir **gedenken** der Opfer des Unfalls. Die Stadt bleibt bei ihrem **Vorsatz**, aber sie muss **sich** noch einmal richtig **besinnen**. Wir **sannen** und **sannen**, und sind dazu gekommen, dass japanische Straßen einfach zu schmal sind, um einen Radweg auf der Fahrspur anzulegen.

308 ## sich^4 besinnen*

〔再帰〕よく考える・思案する

他

besann
besonnen

Man solle sich der eigenen Wurzeln besinnen.

人は，自分のルーツに思いを巡らせるべきだ。

例文解説

例文にあるように，besinnen を再帰動詞で使うときには sich^4 et.^{2} besinnen の形となります。ここで der eigenen Wurzeln は複数形 2 格です。

関連語

女 die **Besinnung** 意識・正気・思慮
他 **bedenken*** ～を熟慮する

309 ## gedenken*

思い出す・偲ぶ

自

gedachte
gedacht

Am Karfreitag gedenken wir des Todes Jesu Christi am Kreuz.

聖金曜日は，十字架でのイエス・キリストの死を偲ぶ日だ。

例文解説

gedenken は 2 格目的語をとる自動詞です。この文では des Todes が 2 格目的語です。Jesu Christi はラテン語のルールで 2 格で（1 格は Jesus Christus），これは Tod にかかっています。

関連語

他 **mahnen** …^{4} に～を（an ～^{4}）思い出させる
自 **zurück|denken*** 回想する・偲ぶ

私たちはその事故の犠牲者のことを偲ぶ。市は決定を変えようとしない，しかしもう一度しっかりとよく考える必要がある。私たちも考えに考えた。日本の道路は自転車道を作るにはあまりに狭すぎるという考えに至った。

311 erraten☆☆

～を察知する；～を推測して当てる

du errätst	erriet
er errät	erraten

Vielleicht habt ihr schon **erraten**, dass es sich hierbei um euch handelt.

いま君たちのことを話していたことは，君たちも気づいたことだろう。

例文解説

es handelt sich^4 um ～^{4} で「テーマは～^{4} についてである」という表現になっています。bei ～^{3} で「～^{3} において」という場を設定することができますが，この例文では hierbei「いま・ここでは」という言い方になっています。

関連語

他（再帰）sich^3 **denken**★　～を想定する・予想する
他 **ermessen**☆☆　（全容を）推し量る・判断する

312 pochen

～を（auf ～^{4}）主張する；コツコツ叩く；鼓動する

Sie **pochen** darauf, dass der Schatz dem Finder gehöre.

お宝は発見したものが手にすべきである，と彼らは主張している。

例文解説

動詞 gehören は所有者が 3 格，所有物が 1 格です。darauf の da が dass 文と呼応しています。主張を伝えるだけですので接続法 1 式（間接話法）です。

関連語

他 **beanspruchen**　～を要求・請求する
他 **behaupten**　～を主張する

315 **読解練習**

Ich hätte niemals **erraten** können, was für eine große Bestellung ich von der Stadt bekomme. Mit **pochendem** Herzen bin ich derzeit beim **Verhandeln** mit der Stadt. Wir haben zuerst **geschwatzt** und mittlerweile sind wir zu ernsthaften Diskussionen gekommen.

313 ## schwatzen

おしゃべりする・雑談する

Wenn die Arbeitskollegen ständig schwatzen, statt zu arbeiten, sollten Sie sich natürlich irgendwann beim Chef beschweren.

同僚たちが働かずにおしゃべりばかりしているならば，そのうち上司に苦情を言うしかない。

例文解説

statt + zu 不定詞で「〜する代わりに」という意味の，zu 不定詞句の副詞的用法です。

関連語

自 **plaudern** おしゃべりする・雑談する

他〔再帰〕sich[4] **unterhalten**☆☆ 語り合う・歓談する

314 ## verhandeln

話し合う・交渉する

自

Die Stadt und die Uni verhandeln über eine sinnvolle Nachnutzung.

市と大学は有意義な跡地利用について交渉している。

関連語

女 die **Verhandlung** *pl.* -en 交渉・協議・話し合い

他〔再帰〕sich[4] **beraten**☆☆ 相談する・協議する

Spitzenvertreter von Stadt und Landkreis wollen sich treffen und beraten.
市と郡のトップが会い，協議しようとしている。

こんなに大きな注文が市から届こうとは予想もしたことがなかった。心臓をどきどきさせながら市との交渉にあたっている。最初は雑談をして，いま真面目な議論に入った。

316

erwidern

～と返答する；～に答える

Seine Liebe wurde nicht **erwidert**.

彼の恋は片思いに終わった。

例文解説

erwidern は非分離動詞です。過去分詞には ge- が付きません。
werden ＋過去分詞で受動態です（werden が過去形 wurde になっています）。

関連語

他 **entgegnen** 否定的・回避的に～[4] と答える
自 **antworten** ～[3] に応答する・答える

317

ein|wenden*

～を反論として持ち出す

wendete ... ein, wandte ... ein
eingewendet, eingewandt

Bitte nicht so dramatisch, Sie könnten jetzt etwas **einwenden**.

そんなに事を大きくしないでください。何か反論があるのなら，どうぞ。

例文解説

dramatisch は，ここでは事を大げさ・劇的にしようとしているようなニュアンスです。könnten は接続法 2 式（仮定法）です。「何か反論があるのなら」ということが仮定の前提として言われています。

関連語

男 der **Einwand** *pl.* Einwände 異論・抗議
他 **ab|lehnen** ～を拒否する・断る

320

読解練習

Wir wissen, durch Bitten und **Trotzen** kann man etwas erreichen. Von meinem Nachbarn habe ich **Tadel** bekommen, dass unsere Adventsbeleuchtung umweltunfreundlich sei. Wir haben **erwidert**, dass es doch nichts **einzuwenden** gäbe, in der kalten Jahreszeit mit der Beleuchtung für eine warme Atmosphäre zu sorgen.

318

trotzen

～に反抗する・口答えする

Die Börsen trotzen den Terroranschlägen.

株式市場はテロの混乱をはねのけている。

例文解説

trotzen は 3 格支配の自動詞です。

関連語

形 **trotzig** 反抗的な・頑固な
自 **widersprechen**☆★ 異論を唱える・反論する

319

der Tadel

叱責・非難；(非難すべき) 欠点

男 *pl.* -

Einer ist motiviert durch Lob, ein anderer durch Tadel.

褒められてやる気が出る人もいれば，非難されることをエネルギーに替える人もいる。

例文解説

einer と ein anderer で対になっています。「一方の人は…他方の人は～」という意味です。

関連語

男 der **Verweis** *pl.*-e 叱責・戒告；参照指示
女 die **Rüge** *pl.* -n 叱責；激しい批判

お願いと反論も何かのきっかけになることを私たちは知っている。隣人から我が家のクリスマスイルミネーションが環境によくないとのお咎めが来た。私たちはこの寒い季節に温かい雰囲気を出すために何か灯りをつけることは非難される筋合いはないと答えた。

321

unrecht

間違った・適切でない・当を得ていない

形 比 unrechter　最 am unrechtesten

Vielleicht hatte er gar nicht so unrecht.

多分，彼の言っていたことはそれほど的外れではなかったのだろう。

例文解説

recht haben で「的を得ている・正しい」，unrecht haben で「的を射ていない・間違っている」という慣用表現です。

関連語

中 das **Unrecht**　不正・不当；不法行為

形 **unzutreffend**　的中しない・当たらない；適切でない

322

schelten☆★

～を叱る・非難する；～と…と罵る

他

du schiltst	schalt
er schilt	gescholten

Tausende Kilometer davon entfernt nutzte er die Gelegenheit, um sein Vaterland zu schelten.

何千キロも離れているのがこれ幸いと，彼は祖国を非難した。

例文解説

定動詞第２位の前（いわゆる前域）にある entfernt のフレーズは，entfernt という過去分詞を独立して副詞的に使う分詞構文です。

関連語

自 **donnern**　雷が鳴る；大声で怒鳴る

自 **fluchen**　悪態をつく・ののしる

325 読解練習

Die Abteilung muss sich **schelten** lassen. Die Abteilungsleiterin **zankte** mit einem Kollegen und degradierte ihn unter dem **Vorwand**, sie hätten wegen seiner langsamen Arbeitsgeschwindigkeit Zeit für das Projekt verloren, aber das ist nicht wahr und **unrecht**.

323 zanken

がみがみ言う・ののしる；〔再帰〕口げんかをする

自；他

Wenn zwei sich zanken, freut sich der Dritte, heißt es im Sprichwort.

二人が言い争っていると三人目が喜ぶ，と諺にもある。

例文解説

dritt は数字 3（drei）の序数です。der Dritte はその名詞化です。日本語では「漁夫の利」が近い諺になるでしょう。

関連語

他〔再帰〕sich⁴ **streiten**★　争う・けんかする

自 **kämpfen**　戦う・争う；競う

324 der Vorwand

口実・言い訳

男 *pl.* Vorwände

Die Vorbereitung auf den Test war ein guter Vorwand.

テストの準備があったことがいい言い訳になった。

例文解説

die Vorbereitung「準備」は auf ～^{4} を使います。ein guter Vorwand のように，不定冠詞が無語尾の場合，形容詞にシグナル語尾が付きます。

関連語

女 die **Ausrede**　*pl.* -n　言い逃れ・口実

女 die **Beschönigung**　*pl.* -en　弁解・弁護・美化

その部署は非難を免れない。上司がある仕事仲間の仕事のスピードが遅いためにプロジェクトの時間が失われているという口実で激しく罵り，そしてその人を降格した。しかし，それは真実ではないし，不当である。

326

die **Rechenschaft**

釈明・弁明；説明責任

Der Spieler ist der Verbandsversammlung zur Rechenschaft verpflichtet.

その選手は，連盟会議で説明責任を果たさなければならない。

例文解説

jn. zu ～³ verpflichten で「…⁴ に～³ の責任を課す」です。ここでは受動文になっていることから，der Spieler は主語に転じています。Rechenschaft「釈明」の相手は der Verbandsversammlung です。

関連語

女 die **Verantwortung** *pl.* -en 責任；弁明・申し開き
形 **verbindlich** 法的拘束力を持つ；丁重な

327

gestehen★

～を白状する；敢えて～する

他

gestand
gestanden

Ich als Japaner muss gestehen, dass ich kein japanisches Bier trinke.

私は日本人だが，日本のビールは飲まないことをここに告白します。

例文解説

ich als Japaner で「日本人としての私」となります。muss（定動詞）が 2 番目ですので，ich als Japaner でひとまとまりであることがわかります。

関連語

中 das **Geständnis** *pl.* -se 白状・自白
他 **bekennen**★ ～を告白する・白状する

330

読解練習

Die Aktionäre haben die Tochterfirma zur Rechenschaft gezogen und sie gesteht, dass sie eine groß angelegte Bilanzkosmetik durchgeführt hat. Die Mutterfirma hat zugegeben, dass ihre Tochterfirma diese Tatsache bereits früher hat durchblicken lassen. Es wird noch dauern, bis sich die beiden Firmen wieder versöhnen.

328 zu|geben☆★

～を付け加える；（不利なことを）認める・白状する

他

du gibst ... zu	gab ... zu
er gibt ... zu	zugegeben

Ich muss **zugeben**, den Unfall selbst nicht gesehen zu haben.

私は，その事故を自分の目で見たわけではないことを白状しなければなりません。

例文解説

zu|geben の目的語として，zu 不定詞句が添えられています。zu 不定詞句の中身は，完了形（完了不定詞）であり，かつ，否定文です。

関連語

他 **zu|gestehen★** ～を容認する・譲歩して認める；～を白状する
他 **bei|fügen** …[3] に～[4] を添える・添付する

329 versöhnen

～を和解させる・なだめる；〔再帰〕仲直りする

Das Duo unternimmt einen weiteren Versuch, Klassik und Pop zu **versöhnen**.

その二人組は, クラシックとポップスを融合させるようなさらなる試みをしている。

例文解説

クラシック音楽とポップスを融合することを，比喩的に「和解させる」と表現しています（別にけんか別れをしたわけではないでしょうに）。

関連語

他 **überbrücken** （対立を）調停する；（時間などを）つぶす
他 **bei|legen** （争いなどを）解決する；～を添える

株主たちは子会社に説明責任を求めた。子会社はひどい粉飾決算をしていたことを白状した。親会社は，子会社が少し前からその悪事の事実をほのめかしていたことを認めた。両者が再び和解するまでにはもう少し時間がかかりそうだ。

331

preisen★

～を賞賛する・称える

pries
gepriesen

Kinder **preisen** den geliebten Gott mit einem Lied.

子どもたちは歌を一曲捧げ，愛する神を称える。

例文解説

賛美歌は Hymne の他，Lobgesang や Loblied，または Preislied（動詞 preisen から）と呼ばれます。例文訳の「曲」は賛美歌を指します。

関連語

男 der **Preis** *pl.* -e　賞；値段；賛美

他 **loben**　～を賛美する・ほめる

332

rühmen

～を賞賛する；〔再帰〕自慢する

Der Service dieses Restaurants ist wirklich nicht zu **rühmen**.

このレストランのサービスは，まったく褒められたものではない。

例文解説

sein + zu 不定詞句で「～されうる・～されるべき」という意味になります。

関連語

他 **an|erkennen**★　～を認める；称賛する

他 **ehren**　～を尊敬する・～に敬意を払う

335

読解練習

Allen anderen Qualitäten weit **voraus**, **schmeichelt** der Politiker stets nur der Masse. Er **rühmt sich** auch immer nur seines eigenen Erfolgs. Alle Bürger wissen, dass das so ist. Niemand kann ihn ernsthaft **preisen**, sondern ihn nur verlachen. Er gleicht dem Kaiser in „Des Kaisers neue Kleider".

333

schmeicheln

お世辞を言う・ごまをする；〔再帰的に〕得意がる

Ich bin nicht gekommen, um meinem Gastgeber zu schmeicheln.

私は別にお世辞を言うために招かれたのではありません。

例文解説

招かれる客は Gast，招く側は Gastgeber と言います。um + zu 不定詞句で「〜するために」という目的を表します。

関連語

女 die **Schmeichelei** *pl.* -en　お世辞・おべっか
中 das **Kompliment** *pl.* -e　賛辞；お世辞・お愛想

334

voraus

先頭に・抜きん出て；予め・前もって

Vielen Dank im voraus für Ihre Hilfe!

ご協力に対し，先に御礼を申し上げておきます。

例文解説

im Voraus とも書きます。お祝いごとは先に伝えるのは御法度ですが，御礼は先に伝えて困ることはありません。

関連語

副 **zuallererst**　まず第一に・真っ先に
副 **anfänglich**　最初に・はじめに

その政治家は大衆に迎合ばかりすることが，他のどの特徴よりも目をひく。いつも自分の武勇伝ばかり自慢する。市民はみな，真実を知っている。誰もその政治家のことを本心で称賛することはなく，嘲笑うのみである。さしづめ，物語『はだかの王様』の中の王様である。

336

zugrunde

底まで・沈んで；〔普通 liegen, legen と〕根底に

Dem Film liegen wahre Begebenheiten **zugrunde**.

この映画は実話に基づいている。

例文解説

zugrunde は zu Grunde とも書きます。dem Film は 3 格です。文の主語は wahre Begebenheiten で複数形ですので，動詞も複数形（liegen）です。

関連語

男 der **Untergang** *pl.* Untergänge　没落・滅亡；沈没・沈むこと

女 die **Grundlage** *pl.* -n　基盤・根底・根拠

337

senken

～を沈める・位置を下げる；〔再帰〕沈む

Gemüse und Obst **senken** das Krankheitsrisiko.

野菜と果物は病気のリスクを低減してくれる。

例文解説

他動詞 senken に対応する自動詞は sinken です。sinken は不規則動詞です。同様に，他動詞 setzen - 自動詞 sitzen，他動詞 stellen - 自動詞 stehen，他動詞 legen - 自動詞 liegen など，自他対応語があり，いずれも自動詞が不規則動詞です。

関連語

自 **sinken**★　沈む・位置が下がる

他 **nieder|schlagen**★★　～を沈降させる；（熱を）下げる；打倒する

340

読解練習

Aus dem Trafohäuschen ist ein leichtes Brummen zu hören. Die Stadt wollte diese Belastung **senken**. Ein Techniker wurde ins Spezialteam **versetzt**. Er hat den Vorschlag vorgebracht, in der Trafostation eine Metallplatte anzubringen, die die Schallwellen **ablenken** soll. Dieser Idee liegt die Theorie des magnetischen Feldes **zugrunde**.

338

ab|lenken

～の方向を変える

Ein Abend mit ein paar Freunden **lenkt** ihn von seinem Kummer **ab**.

彼にとって，数人の友達と過ごす一晩が悩みを忘れさせてくれる。

例文解説

jn. von ～[3] ab|lenken で「…[4] を～[3] から離れさせてくれる・離れるように方向を変えてくれる」です。

関連語

他 **ab|leiten** ～を他の方向へ導く；～を派生させる

女 die **Ablenkung** *pl.* -en 気晴らし・気分転換

339

versetzen

～を配置換えする・転勤させる

Mein Vater wurde nach Hamburg **versetzt**.

父親はハンブルクに転勤になった。

例文解説

非分離前綴りの ver- が付いている非分離動詞です。過去分詞には ge- が付きません。

関連語

他 **um|stellen** ～を置き換える；～を切り換える

他 **vor|rücken** ～を前へずらす；(時計の針を) 進める

変圧器からは軽いブーム音が常に聞こえている。市はこの騒音を減らしたいと考えた。ある技術者が特別チームに配置換えされた。彼は変圧器内に金属板を一枚入れるだけで音の流れが変えられるはずと提案した。このアイデアには磁場理論が根底にある。

341

verschieben★

～の位置をずらす・延期する

verschob
verschoben

Wir **verschieben** unseren Start in die nächste Saison.

次のシーズンに改めてスタートを切ることにする。

例文解説

期日を動かしたり，物の位置をずらしたりする意味ですので，移動先を表す前置詞を用います。この例文の場合，in＋4格（場所の移動）です。

関連語

他 **vertagen** （期日を）ずらす・延期する
他 **rücken** ～を動かす・ずらす

342

unter|bringen★

～を格納する；～を宿泊させる

他

brachte ... unter
untergebracht

Sie konnten den Ball nicht im gegnerischen Tor **unterbringen**.

彼らはボールを相手方のゴールに押し込むことができなかった。

例文解説

サッカーで，ボールが相手方のゴールマウスの中に入ることを「格納」（unter|bringen）という言い方で表しています。

関連語

女 die **Unterbringung** *pl.* -en 宿舎・宿泊先
自 **unter|kommen**★ 宿を見つける・宿泊する

345
読解練習

Ich verursachte einen Verkehrsunfall. Zum Glück wurde ich nicht aus dem Wagen **geschleudert**. Aber das Auto wurde **abgeschleppt**. Leider muss ich meine nächste Reise etwas **verschieben**. Oder fahre ich mit der Bahn? Jemand **bringt** mich hoffentlich **unter**.

343

ab|schleppen

～を牽引して運ぶ

他

Die Polizei schleppt falsch geparkte Fahrzeuge ab.

警察が，違法駐車の車をレッカー移動している。

例文解説

分離動詞です。前綴りの ab- には「分離・切り離し」の意味がありますので，ここでは不適切な駐車がされている車が，その場から引き離されて運ばれていくイメージです。falsch parken で「間違って駐車する」で，その過去分詞が付加語的に用いられています。

関連語

他 **ziehen**★　～を引っ張る
男 der **Falschparker**　*pl.* -　違法駐車

344

schleudern

～を投げ飛ばす；～を高速回転させる

他

Der Pulli darf nicht heiß gewaschen werden und nicht in der Maschine geschleudert werden.

このセーターは高温で洗濯したり，洗濯機で脱水してはならない。

例文解説

ヨーロッパの洗濯機は 95℃や 60℃など，水温を選んで洗濯できます。

関連語

他 **schmettern**　～を（力任せに）投げつける
他 **schmeißen**★　～を投げる・投げつける

交通事故を起こしてしまった。幸い，車外には放り出されなかったけど。車はレッカー移動になった。残念だけど次の旅行は延期をしなくちゃ。あるいは鉄道で旅行をするかな？きっと誰か僕を泊めてくれるはず。

346
knicken

～を折り曲げる・へし折る；ぽきっと折れる

他；自 S

Die Blumen, die nicht zu hoch wachsen, **knicken** weniger leicht.

あまり上まで成長しない花のほうが，ぽきりと折れにくい。

例文解説

zu ＋形容詞で「～すぎる（度が過ぎる），weniger ＋副詞で「あまり～ではない（程度が低い）」です。

関連語

他 **falten** ～を折りたたむ
他 **brechen**★★ ～を折る・割る・砕く

347
auf|richten

～をまっすぐに立てる；元気づける

Das neue Management **richtet** das Geschäft mit kleinen Schritten **auf**.

新しいマネージメントによって，経営がほんの少し上向きになる。

関連語

形 **aufrichtig** 正直な・率直な
他 **begradigen** ～をまっすぐにする

Es tut mir **aufrichtig** leid für dich.
君のこと，本当に気の毒だと思っている。

350
読解練習

Ein negatives Image kann jemanden mit Gegenwind **aufrichten** und kann gleichzeitig jemandem den Mut **knicken**. Es ist ein zweischneidiges Schwert. Dieser Spieler aber wurde dadurch durchweg motiviert und **ragt** jetzt in der Liga in vollem **Umfang** positiv.

348

ragen

そびえる・突出する；秀でる

Neue Wolkenkratzer ragen immer weiter in den Himmel.

新しく建てられる高層ビルの高さがどんどん高くなっている。

関連語

自 **vor|springen*** S　前へ飛び出す；突き出ている

他〔再帰〕sich⁴ **erheben***　立ち上がる；そびえ立つ

Der Signalton sorgt dafür, dass in der Nacht die Uhr automatisch um eine Stunde vorspringt.

シグナル音とともに，時計が深夜に 1 時間ジャンプする。

夏時間は，毎年 3 月最終日曜日の深夜 1:59:59 の次に 3:00:00 にジャンプして調整されます。

349

der Umfang

周囲・大きさ・量

男 *pl.* Umfänge

Ab heute fahren U-Bahnen wieder im üblichen Umfang der Zonen.

今日から地下鉄はまたいつも通りの営業範囲となる。

例文解説

工事などで一部エリアで運休だったところ，今日からエリアが普段どおりに戻ったことが言われています。

関連語

他 **umfangen****　～を包み込む・取りまく

女 die **Kapazität**　容量；生産能力；理解力・知的処理能力

マイナスイメージは，逆風を与え，励ますこともできるかもしれないが，同時に勇気をへし折ってしまうかもしれない。これは諸刃の剣だ。その選手はうまくモチベーションをもらった人で，今やリーグで圧倒的に傑出している。

in vollem Umfang：最大範囲（リーグ全体で他を寄せつけない最強選手であることが言われています。）

351 ## sträuben

（毛髪などを）逆立てる；〔再帰〕逆らう・反抗する

㊐他

Leider **sträuben sich** die Einwohner oft gegen eine solche Änderung.

残念ながら，住人たちはそのような変更はなかなか受け入れてくれない。

例文解説

sich^4 gegen ～^{4} sträuben で「～^{4} に逆らう・反対する」です。gegen ～^{4} sein で「～^{4} に反対意見だ」，für ～^{4} sein で「～^{4} に賛成している」となります。

関連語

㊐自 **opponieren** ～に対して（gegen ～^{4}）反論する・反対する・抵抗する・たてつく

㊐自 **auf|mucken** ～に対して（gegen ～^{4}）反抗する・たてつく

352 ## die Rast

（ハイキングなどでの）休息・休憩

㊐女 *pl.* -en

Unterwegs ist eine **Rast** mit Frühstück vorgesehen.

途中，朝食を兼ねた休憩が予定されています。

例文解説

文の主語は eine Rast mit Frühstück で「朝食付きの休憩」が直訳です。休憩したときに朝食をとる，ということです。vor|sehen は「予定する」で，その過去分詞＋ sein ですので状態受動「～されている」の文です。

関連語

㊐自 **rasten** （ハイキングなどで）休憩する

㊐男 der **Halt** *pl.* -e 停止・立ち止まり；〔通常単数で〕支え・よりどころ

355 読解練習

Der **Vorfall** ist gestern passiert: Eine Familie vergaß ihren Vierbeiner nach einer **Rast** bei uns an der Tankstelle. Wir haben ihn gerettet, aber im Anfangs**stadium sträubte** er das Fell und heulte. Die Familie ist auch diese Woche noch nicht gekommen.

353 das **Stadium**

段階・時期

中 *pl.* Stadien

Die Gespräche befänden sich in einem fortgeschrittenen Stadium.

対話が実現するとしたら，それは次のステップに移ってからだ。

例文解説

接続法２式の仮定法です。現状では，対話が実現する兆しはまったくなく，もし対話が可能だとすればそれは次のステップに移行したと言っても過言ではない，というニュアンスです。

関連語

女 die **Etappe** *pl.* -n 一工程・一区切り；区間
女 die **Phase** *pl.* -n 段階・場・局面

354 der **Vorfall**

（不意の）出来事・事件

男 *pl.* Vorfälle

Der Bürgermeister ordnete an, den Vorfall gründlicher zu untersuchen.

市長は，その事案を徹底的に調査するように指示した。

例文解説

an|ordnen の目的語として zu 不定詞句が添えられています。

関連語

女 die **Angelegenheit** *pl.* -en 用事・用件；事件
女 die **Affäre** *pl.* -n 出来事・事件；案件

そのできごとは昨日起こった。ある家族が私たちのガソリンスタンドで休息の後，そのまま飼い犬を置いて行ってしまった。私たちでその犬を保護したが，初めの段階では毛を逆立てて逆らい，遠吠えをしていた。その家族は今週は現れなかった。

356

der **Vorgang**

出来事；なりゆき・経過

男 *pl.* Vorgänge

Das abzulehnen sei ein natürlicher Vorgang.

それを拒否することは，当然のなりゆきとされている。

例文解説

動詞 sei の前（前域）に das abzulehnen という zu 不定詞句が置かれています。これが文の主語です。ab|lehnen は分離動詞です。sei は接続法 1 式で，文脈によりますが間接話法か要求話法になります。

関連語

女 die **Begebenheit** *pl.* -en 出来事・事件
中 das **Ereignis** *pl.* -se 出来事・事件；案件

357

schnappen

バチンと音をたてる；パクッと食いつく；～を引っ捕らえる

自；自；他

Der Moderator schnappte mit den Fingern.

その司会者は指をパチリと鳴らした。

関連語

他 **erwischen** ～を素早く捕らえる
中 das **Schnappmesser** *pl.* - 折りたたみナイフ

Mein Mann hat Butter mit einem Schnappmesser auf sein Brot gestrichen.

私の夫はパンに折りたたみナイフでバターを塗った。

360 読解練習

Mit leisem **Zischen sausen** auf sechs Spielfeldern die Federbälle in der Sporthalle hin und her. Draußen spielen auch viele Kinder mit Federbällen und spielende Hunde **schnappen** sich diese und rennen damit herum. Hunde mit Bällen - das ist ein natürlicher **Vorgang**.

358

zischen

（しゅっしゅっと）音をたてる

自

In fünf Jahren sollen dann 16 Milliarden Kubikmeter Erdgas durch die Rohre zischen.

5年後には，160億立方メートルもの天然ガスがパイプラインで運ばれる予定だ。

例文解説

in＋年数や日数で，現在から見た未来「～年後・日後」を表します。過去の時点から見た未来は nach ～です。

関連語

自 **fauchen** （風などが）ヒューヒュー鳴る；息を吐く・うなる

自 **pusten** （風が）ヒューヒュー吹く；息が切れる・あえぐ

359

sausen

低いうなりをあげる；うなりをあげて進む

自 h；自 s

Die weiteren Orte auf der Route lassen wir trotzdem sausen.

旅程の他の場所は，行くのをやめてスキップしよう。

例文解説

et.[4] sausen lassen で「～を断念して先へ進む」といった意味になります。旅行でせっかく計画していた場所をスキップするのは辛いものです。trotzdem は「自分としても行きたいのは山々だけど…」という気持ちを断ち切るニュアンスです。

関連語

自 **tosen** s h （嵐などが）ごうごうと轟く

自 **düsen** s ジェット機で飛ぶ；急ぐ

体育館では6面のコートで，静かにしゅっしゅっとバドミントンの羽がうなりをあげて飛び交っている。外では子どもたちもたくさんバドミントンに興じている。犬が羽をくわえては走り回っている。犬とシャトル，それは自然のなりゆきだろう。

361 **niesen**

くしゃみをする

自

Etwa jeder Vierte muss niesen, wenn er direkt in die Sonne sieht.

太陽を直視するとくしゃみが出てしまうという人はおよそ４人に１人いる。

例文解説

jed- ＋序数で「～ごとに１つ・１人」という意味が表せます。viert は数字４（vier）の序数です。不特定の人を表すには男性名詞単数を用います。そのため，jeder（男性１格）となっています。

関連語

自 **husten** 咳をする

他〔再帰〕sich⁴ **verschlucken** （飲み込み損ねて）むせる

362 **sprühen**

（火花などが）飛び散る；（感情が）ほとばしる；～を吹き付ける・かける

自；他

Die Funken zwischen den beiden Männern scheinen zu sprühen.

その２人の男性の間に対決の火花が散っているようだ。

例文解説

scheinen ＋ zu 不定詞句で「～であるように見える」という意味になります。

関連語

他 **aus|stoßen*** ～を放出する・吐き出す

他 **aus|werfen**** ～を投げ出す・まき散らす

365 読解練習

Beim **Niesen** werden Schnupfenviren in **Wirbeln** durch die Luft **gesprüht**. Die offizielle Regel besagt, dass man besser in die Armbeuge statt in die Hand husten und **niesen** soll. Sonst verbreiten sich die Viren durchs Handschütteln und so **braust** erneut eine Grippewelle auf.

363 brausen

(風や波が) 荒れ狂う；突き進む

自 h；自 s

Mit hohem Tempo brausen sie auf der schmalen Landstraße.

道幅の狭い国道を彼らはすごいスピードで走っている。

例文解説

Tempo「スピード」は，速い場合は mit hohem Tempo か mit schnellem Tempo と言います，遅い場合は mit langsamem Tempo ということが多いです。

関連語

自 **blasen**★★ (風が) 強く吹く

自 **stürmen** h (嵐が) 荒れ狂う；s 突撃する

364 der Wirbel

渦・回転運動；旋回

男 *pl.* -

Für diesen Wirbel gibt es einen passenden Hashtag.

この運動の波にぴったりのハッシュタグがある。

例文解説

Wirbel は「渦」で，この例文では，環境保護運動など，いわゆるムーブメントの意味の運動，またそれが波及するうねりや波を指しています。

関連語

自 **wirbeln** s 渦を巻く・旋回する

男 der **Strudel** *pl.* - 渦巻き・渦

くしゃみをすると風邪ウイルスが渦を巻いて空気中に飛散する。公式のルールでは，咳やくしゃみをするときには手ではなく腕の関節のところで口を塞ぐのがよい。そうしないと握手でウイルスが広がり，インフルエンザが新たに猛威を振るってしまう。

366

wirr

混乱した・乱雑な；こみ入った

形 比 wirrer　最 am wirrsten, am wirresten

Was der Sänger immer singt, klingt oft ziemlich wirr.

その歌手がいつも歌う内容は，かなり難しいことが多い。

例文解説

不定関係代名詞 was が使われています。文全体で見ると，was ～の副文が主語です。

関連語

形 **ungeordnet**　乱れた・無秩序の・乱雑な

形 **strubbelig**　（髪が）もつれた・くしゃくしゃの

367

zunichte

打ち砕かれて・粉々に

All unsere Hoffnungen waren zunichte.

私たちの望みは水泡に帰した。

例文解説

不定代名詞の all- は，単独では定冠詞に準じる語尾変化をしますが，定冠詞や所有代名詞，指示代名詞に先立つときは無変化になります。

関連語

形 **zerstört**　破壊された

形 **vereitelt**　頓挫した・挫折した

370

読解練習

Bei dem Brand legten die Flammen alles in Schutt und Asche. Der Plan des Wiederaufbauens der Brücke ging zunichte. Der Bauherr sagte etwas mit dürren Worten und wirrem Blick, doch es war unhörbar.

368

der Schutt

瓦礫・塵芥

男

Asbestzementplatten, Bauschutt und Altreifen können kostenpflichtig angeliefert werden.

アスベスト材，建築廃材，使用済みタイヤは有料にて持ち込んでいただけます。

例文解説

廃材を回収してくれる処理場に持ち込む（an|liefern）話です。持ち込める，となっていますが，条件として kostenpflichtig「料金を支払う義務が発生する」と添えられています。

関連語

他 **schütten**　～をぶちまける・（無意識に）こぼす
中 das **Trumm**　*pl.* Trümmer　破片・切れ端；〔複数で〕残骸・瓦礫

369

dürr

干からびた；乏しい

形 比 dürrer　最 am dürrsten

Der Sommer ist in diesem Jahr überdurchschnittlich heiß und dürr.

今年の夏は例年に増して暑く，からからである。

例文解説

durchschnittlich は「平均的な・平年どおりの」ですが，überdurchschnittlich は「平均的な値以上の・平年以上の」という意味になります。

関連語

形 **welk**　枯れた・しおれた
形 **mager**　やせた・貧弱な

その火災で炎がすべてを灰と瓦礫にしてしまった。その橋の再建計画は打ち砕かれた。建設主はそっけなく，混乱したまなざしで何か言ったが，聞こえなかった。

371 üppig

繁茂した・豊富な；おびただだしい；あふれるばかりの

形 比 üppiger 最 am üppigsten

Das Land und die Stadt förderten dieses Projekt üppig.

州と市がこのプロジェクトを強力に援助してくれた。

関連語

形 **reichhaltig** 内容豊かな・中身がたっぷりの

形 **verschwenderisch** 豊富な・あり余るほどの；浪費好きの

Die Mode kommt in diesem Winter so verschwenderisch wie lange nicht daher.

この冬は，長らくなかったほどの目玉となる流行のファッションがやってくる。

372 vorrätig

蓄えてある・在庫の

Was nicht im Laden vorrätig ist, gibt's online.

店に在庫がないものはオンラインで入手できる。

例文解説

不定関係代名詞 was が使われています。文全体で見ると，es gibt ～^{4} の構文で，この es gibt の目的語にあたる部分に was ～の副文が来ています。

関連語

男 der **Vorrat** *pl.* Vorräte 在庫・貯蔵・蓄積

形 **verfügbar** 意のままになる・自由に使える

375 読解練習

Es **dämmert** inzwischen der Welt, dass diese Krise lange dauern kann. Die Impfstoffe gegen das Virus werden immer **zugänglicher**, was eine positive Nachricht ist, aber sie sind auf der ganzen Welt nicht sonderlich **üppig vorrätig**.

373
zugänglich

アクセス可能な・入手可能な；付き合いやすい

形 比 zugänglicher　最 am zugänglichsten

Das Schloss ist ganz ansehnlich, aber nicht öffentlich zugänglich.

そのお城は見映えのするたたずまいだが，一般見学はできない。

例文解説

ansehnlich は「堂々とした・見映えがする」という意味です。それだけ立派なお城なら一般公開がされているなら見学したいところだが残念だ，という気持ちでしょうか。

関連語

形 **übersehbar**　見渡せる；見当のつく・見通せる；見落とす可能性のある
形 **nachgiebig**　譲歩しやすい・従順な・おとなしい

374
dämmern

薄明るくなる；薄暗くなる；〔比〕わかりかけてくる

自　多くの場合は非人称で用いられます（非人称の es を主語にします）。

In Deutschland beginnt es im Juli erst gegen 22.00 Uhr zu dämmern.

ドイツでは 7 月だと暗くなり始めるのは 22 時ごろだ。

例文解説

beginnen + zu 不定詞句で「～し始める」です。zu 不定詞句の直前はコンマを打ちますが，この例文（zu dämmern だけ）のように zu 不定詞が簡潔な場合には区切れ目がわかるため，コンマは省略できます。

関連語

女 die **Dämmerung**　*pl.* -en　夜明け・日暮れ；〔通常単数で〕薄明
自 **grauen**　薄明るくなる；灰色になる

この間，この危機は長く続く可能性があることがわかってきた。ウイルスに効くワクチンは徐々にアクセス可能になってきて，それは良いニュースではあるが，世界中で見れば格別豊富に在庫があるわけではない。

376

trübe

濁った・不透明の；曇天の・陰鬱な

形 比 trüber　最 am trübsten

Die Aussichten bleiben aber trübe, wie die Experten meinen.

専門家たちが言うように，見通しは悪い。

例文解説

aberは不変化詞で，状況の悪さを強調（書き手や話し手の心的態度）を表しています。

関連語

他 **trüben**　（液体などを）濁らせる・曇らせる

形 **naturtrüb**　（果汁などが）自然混濁の

377

der Sumpf

沼地・湿地

男 *pl.* Sümpfe

Die Stadt ist ein Sumpf des Verbrechens.

この町は犯罪の温床だ。

関連語

中 das **Moor**　*pl.* -e　湿地・沼地

男 der **Morast**　*pl.* -e　沼沢地・湿地；ぬかるみ

Erneut musste ein Lastwagen aus dem tiefen Morast gezogen werden.

新たに，この深いぬかるみからトラックが一台救出されるハメになった。

380

読解練習

Mein Körper ist so müde und ich fühle mich, als steckte ich in einem seichten Sumpf fest. Ich hole mir ein Glas mit trübem Apfelsaft, der mich immer glücklich macht. Und später werde ich lauwarm baden, was ich auch immer sehr gerne mache.

378

seicht

（池や川について）底の浅い；底の知れた

形 比 seichter 最 am seichtesten

Die meisten Fragen sind eher seicht, die Antworten ebenso.
ほとんどの質問はむしろたいしたことがない。またそれに対する回答もだ。

関連語

形 **flach** 浅い；平たい
男 der **Tiefgang** 深さ；（精神的な）深み

Ein gewisser Tiefgang und dass der Zuschauer etwas mitnimmt, sind mir wichtig.
ある程度の深みと，観衆が何かしらを得てくれることが，私には重要だ。

379

lau

ぬるい・温暖な；生ぬるい

形 比 lauer 最 am lauesten, am lausten

In der Stadt kann man bald für lau mit dem Bus fahren.
その町では，まもなくバスの利用は無料となる。

例文解説

für lau で「無料で」という表現です。

関連語

形 **angewärmt** 少しだけ温まった
形 **halbherzig** あまり熱のこもっていない；一応の

私の体はすごく疲れていて，浅い沼にはまってしまっている感覚がする。無ろ過リンゴジュースを入れたグラスを持ってくる。このジュースを飲むといつもハッピーだ。あとでぬるま湯のお風呂に入ろう。これもいつもとても好きなことだ。

リンゴジュースは絞ったままの状態は混濁しています（無ろ過）。フィルターでろ過するとクリアなリンゴジュースになります。

381

dumpf

蒸す・むっとする；さえない・鈍い

形 比 dumpfer　最 am dumpfesten

Alles klingt dumpf, wenn ich Wasser im Ohr habe.

耳に水が入ると，音が鈍く聞こえる。

関連語

男 der **Dampf**　*pl.* Dämpfe　蒸気

形 **behäbig**　のんきな・気楽な；太った

Die Gegner haben klug und schnell gespielt, wir viel zu behäbig.

相手は賢くスピーディにプレイした，私たちはのんびりしすぎた。

382

sprudeln

（液体が）泡立つ；わき出る；（感情が）あふれる

自 h；自 s；自 h

Die Steuereinnahmen der Stadt sprudeln wie nie.

この町の税収は過去にないほど潤った。

例文解説

直訳すると「この町の税の収入が今までにないほどあふれ出している」です。動詞 sprudeln は，活気に満ちた様子なども表せます。wie nie は，「（今までに）一度もないほどに～」という意味です。

関連語

自 **strömen** s　（液体・気体が）勢いよく流れる

他（再帰）sich[4] **ergießen**★　あふれ出る・吹き出る；心中をぶちまける

385

読解練習

Wenn ich mein Kind so spielen sehe, und merke, wie seine gute Laune nur so **sprudelt**, vergeht die Zeit so schnell. Wenn mir aber das Blut **siedet** vor Wut, ist es, als steht die Zeit still. Je nach Situation kann Zeit lautlos **rinnen**. Heute habe ich ein **dumpfes** Gefühl im Kopf und die Zeit vergeht nur langsam.

383

rinnen*

（液体が）しみ出る・滴る・ゆっくり流れ出る

自 s

rann
geronnen

Ihr rinnen die Tränen über das Gesicht.

彼女は，涙が顔を伝っている。

例文解説

この文の主語は die Tränen です。文頭の ihr は女性名詞単数 3 格（身体の 3 格）。「彼女は，」と文の主題になっています。「顔の表面」は前置詞 über で表します。

関連語

自 **fließen*** s　流れる
自 **rieseln** s h　ぽたぽた滴る；さらさら流れる

384

sieden*

煮えたつ・沸騰する；激昂する

自

siedete, (sott)
gesiedet, (gesotten)

Die Suppe soll jetzt nur noch ganz leicht sieden.

スープはあとほんの一瞬さっと沸騰したら火を消すとよいでしょう。

例文解説

sieden は沸騰する（沸点に達する）ことを言います。沸騰した後もぐらぐら煮えつづけるのは，kochen です。「～するとよい」という【助言・忠告】のニュアンスの sollen が使われています。

関連語

他 **garen**　～を（弱火で）煮上げる
男 der **Siedepunkt**　*pl.* -e　沸点

子どもがはじけるように機嫌がよく，楽しそうに遊んでいるのを見ていると，時が経つのが速い。しかし，はらわたが怒りで煮えくりかえっているときには時間が止まっているかのようだ。状況により時間というのは音もなく流れる。今日の私は頭がさえない。時間がただゆっくりと感じる。

386

schroff

険しい・切り立った；無愛想な；際立った

形 比 schroffer　最 am schroffesten, am schroffsten

Der Berg stürzt nach Nordwesten schroff ab.

その山は，北西側で急角度に落ち込んでいる。

例文解説

ab|stürzen は分離動詞です。「(飛行機などが) 墜落する」の意味の他，「(斜面などが) そそりつ立つ・急角度に落ち込む」の意味があります。

関連語

形 **steil**　険しい・急勾配の

形 **rüde**　不作法な・下品な

387

schräg

斜めの・傾いた

形 比 schräger　最 am schrägsten

Die Straße sollte man nicht schräg überqueren, sondern gerade und in einem gut sichtbaren Straßenabschnitt.

道路を横断するときには，斜めに渡らず，まっすぐ，そして道路の見通しのよい場所で渡るべきである。

例文解説

接続法２式の仮定法です。本来，横断歩道がないところで渡ること自体危険ですが，「必要性があって渡るならば…」という仮定に基づいて述べられています。

関連語

形 **schief**　斜めの・傾いた；(本来あるべき状態とは違って) ゆがんだ

形 **diagonal**　対角線上の；はすかいの

390 読解練習

Der Gipfel des Bergs ragt schroff empor. Am sichersten kommt man über den Osthang zum Gipfel, den man vom Startpunkt aus schräg rechts durch den Wald sehen kann. Mit der Höhe kann man den Landschaftswandel genießen. Aber Vorsicht: An mehreren Stellen rosten die Geländer und sind deshalb unsicher.

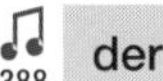
388

der Wandel

変化・転換・推移

男

Wichtig ist, die Mitarbeiter für den schnellen Wandel der Technik weiterzubilden.

大事なのは，従業員をめまぐるしい技術の進歩に適応させていくことだ。

例文解説

文の主語として，形式主語の es が省略されています。形式主語の es は文頭に立つとき以外は省略できます。

関連語

他 **wandeln**　～[4]を…[4]へと変化させる・変える

女 die **Wandlung**　*pl.* -en　変化；（売買契約の）解除

389

rosten

錆びる

自 s h

Es gibt die Gefahr, dass die Gitter rosten und brechen können.

囲いが錆びて折れてしまう危険がある。

関連語

男 der **Rost**　錆（さび）

自 **korrodieren**　腐食する

Die Oberfläche, egal ob aus Alu oder Stahl, könnte schlimmstenfalls korrodieren.
表面はアルミニウムだろうが鋼鉄だろうが，ひどい場合には腐食してしまう。

山の頂上は険しくそそり立っている。頂上まで一番安全なのはスタート地点から斜め右，森の向こうに見える東の斜面を行くことだ。景観の変化を楽しみながら歩ける。でも，手すりが錆びて，それゆえ安全ではない場所が何カ所もあるので注意。

391
schwellen☆★

膨張する・腫れる

自 S

du schwillst	schwoll
er schwillt	geschwollen

Es schwillt mir das Herz vor süßem Schmerz.

私は甘い恋心で胸がいっぱいになる。

例文解説

「～のあまり」(原因) は前置詞 vor ～3 で表します。

関連語

他 **auf|schwemmen** ～をふやけさせる・ぬかるみにする

他 **bauschen** ～を膨らませる・膨張させる

392
zu|treffen☆★

事実に合致する・正しい；該当する・当てはまる

自

	traf ... zu
es trifft ... zu	zugetroffen

Bei dieser Firma haben dann Experten zu prüfen, ob die Vorwürfe zutreffen.

その会社では，非難が事実にあたっているかどうか，専門家が検査をする必要がある。

例文解説

理不尽に思える非難や批判も，事実に照らしてあたっている部分があったり，襟を正すきっかけになったりしますので，その調査・検証をする，という状況です。haben + zu 不定詞句で「～する必要がある，～しなければならない」という意味です。

関連語

自 **stimmen** 真実である・事実と合っている・本当である

他 (再帰) sich4 **bestätigen** 事実であると確認される・証明される

395
読解練習

Früher hatte man bei Reisen eine von fremder Währung schwellende Brieftasche. Heute zahlt man fast alles mit Karte. Aber „Zeit kostet Geld“. Ich habe auch auf dieser Reise immer nur Eilzüge genommen, auch mit Kostenzuschlägen. Wie sieht die Bilanz der diesmaligen Reise aus? Hm, das Zitat trifft leider vollkommen zu.

393 **die Bilanz**

決算・清算

女 *pl.* -en

Die Bilanz in diesem Bereich ist verheerend.

この部門の決算は壊滅的だ。

例文解説

形容詞 verheerend は「壊滅的な，手のつけられない」という意味です。

関連語

女 die **Balance** *pl.* -n 平衡；差引残高
男 der **Ausgleich** *pl.* -e 埋め合わせ；調停；清算

394 **der Zuschlag**

割り増し・割増乗車券

男 *pl.* Zuschläge

Die Sonderausstellung ist kostenfrei, ohne Zuschlag zum Eintrittspreis.

その特別展は，入場料に追加料金はなく，無料だ。

関連語

男 der **Aufpreis** *pl.* -e 割増料金・追加料金
男 der **Aufschlag** *pl.* Aufschläge 値上がり・値上げ

Mit einem Aufpreis kann man die Kapelle besichtigen.
少しの追加料金で，あのチャペルを見に行ける。

旅行をするときには昔は（両替した）外国のお金で財布が分厚かったものだ。今はほとんどカードで支払う。しかし〈時間にはお金がかかる〉。私はこの旅でもいつも割増料金で急行列車を使った。さて，今回の旅行の決算はどうか？　うーん，残念ながら，この名句は完全に正しい。

396

die **Nachfrage**

需要・需要商品；問い合わせ・照会

女 *pl.* -n

Die Reisebranche rechnet mit der Senkung der Nachfrage.

その旅行会社は，需要の低迷を織り込んでいる。

例文解説

mit ～[3] rechnen で「～[3] を計算に入れる，～[3] を算入する」という意味です。der Senkung の der は女性名詞単数 3 格，der Nachfrage の der は女性名詞単数 2 格です。

関連語

男 der **Bedarf** 必要・需要

中 das **Angebot** *pl.* -e 申し出；供給

397

der **Verdienst**；das **Verdienst**

稼ぎ・利益；功績・手柄

男 *pl.* -e ／ 中 *pl.* -e

Sein größtes Verdienst ist es, diesen Film in sechs Sprachen synchronisiert zu haben.

彼の最大の功績は，この映画を 6 か国語に吹き替えて上映したことだ。

例文解説

この例文では中性名詞 sein größtes Verdienst で「功績」の意味です。主文の補語 es の内容を，zu 不定詞句（完了不定詞）が表しています。

関連語

他 **verdienen** ～を稼ぐ・報酬として得る・受け取る

女 die **Leistung** *pl.* -en 業績；機能・性能

400

読解練習

Es ist das Verdienst der ICT-Industrie, dass man jetzt aus der Ferne an Treffen oder Online-Konferenzen teilnehmen kann. Firmen in und um diesen Bereich hatten mit steigender Nachfrage historisch gute Umsätze. Bedauernswerterweise sind nur die Zinsen gerade allzu niedrig.

398 der **Umsatz**

売上・売れ行き

男 *pl.* Umsätze

Der Umsatz mit elektronischen Büchern vervielfacht sich jedes Jahr.

電子ブックによる売り上げは，毎年数倍に増えている。

例文解説

ある出版社にとって，様々な売り上げがある中で，電子ブックの販売に伴う売り上げもあります。それが数倍になっている様子が言われています。

関連語

男 der **Vertrieb**　販売
男 der **Gewinn**　*pl.* -e　利益・収益・もうけ

399 der **Zins**

〔通常複数で〕利息・利子

男 *pl.* -en, -e

Mit diesem Zins ist jedoch das unternehmerische Risiko der Stadt nicht abgegolten.

これくらいの利息では，市の経営難の埋め合わせはできない。

例文解説

男性名詞で複数形が -en 型のものは，基本的には男性弱変化名詞なのですが，この Zins は例外ですので注意が必要です。

関連語

女 die **Rendite**　*pl.* -n　利回り・利子率
男 der **Ertrag**　*pl.* Erträge　収益・収穫・成果

いま，遠隔ミーティングやオンライン会議に参加できるようになったのは ICT 産業の功績である。需要増のため，関連業者は歴史的な好売り上げを記録している。惜しむらくは，ただ利息が低すぎることだ。

401

die **Unkosten**

雑費；出費・物入り

複

Zur Deckung der **Unkosten** wird um eine kleine Spende gebeten.

経費を埋め合わせられるよう，少しばかりの寄付をお願いしています。

例文解説

jn. um ～^{4} bitten で「…^{4} に～^{4} を依頼する」という表現です。この例文は受動文ですので，元の jn. にあたる部分は述べられていません。

関連語

中 das **Unkraut** *pl.* Unkräuter　雑草

男 der **Unmensch** *pl.* -en　人でなし・無情な人

402

die **Zeche**

飲み屋の勘定・飲食代；鉱山

女 *pl.* -n

Die **Zeche** hätten die Endkunden über einen höheren Strompreis zu bezahlen.

高い光熱費は，飲食代に上乗せされ，利用客がそれを負担する形になるだろう。

例文解説

接続法２式の仮定法です。仮定の前提部はこの文には示されていませんが，「もし～ならば，そのときは」ということで「光熱費をカバーするような飲食代が設定されることになる」ということが言われています。

関連語

女 die **Rechnung** *pl.* -en　勘定・計算書；計算

中 das **Bergwerk** *pl.* -e　鉱山・鉱業所

405

読解練習

Der Staat ist nicht nur **berechtigt**, sondern sogar aufgefordert, die **Parität** von Frau und Mann in allen Lebensbereichen zu fördern und durchzusetzen. Heutzutage zahlen auch Frauen außerhalb die **Zeche** und nehmen die **Unkosten** der Familie auf sich.

403
berechtigt

～する権利を与えられた

形 比 berechtigter　最 am berechtigtsten

In Österreich ist man ab sechzehn zur Wahl berechtigt.

オーストリアでは 16 歳から選挙権が与えられている。

例文解説

「～する」の部分は，zu 不定詞句や zu ～3 を用います。

ab sechzehn berechtigt zu ～3 sein 16 歳以降の人は～権がある
mit sechzehn berechtigt zu ～3 werden 16 歳で～権を得る

関連語

中 das **Recht**　*pl.* -e　権利

女 die **Berechtigung**　*pl.* -en　権利・資格

Ich habe die Berechtigung zum Unterrichten erworben.
私は，教員免許（授業ができる資格）を得た。

404
die Parität

同等・対等；同権

女 *pl.* -en

Die Parität in der Politik zielt darauf, dass in der Politik so viele Frauen wie Männer sein sollen, weil unter den Bürgern Männer und Frauen auch 50:50 vertreten sind.

政治における平等は，政治において女性が男性と同数になるべきだということだ。なぜなら，国民は男性と女性が同じ比率でいるのだから。

例文解説

auf ～4 zielen は「～4 を目指す」という表現です。so 形容詞／副詞 wie ～ で「～と同等の…」を意味します。

関連語

女 die **Gleichheit**　同等・平等

形 **ebenbürtig**　対等な（同等の）能力のある；同じ身分の

国は権利があるだけでなく，生活のどの場面でも男女同権が進むように助成をし，またそれを確実に実行していくように求められている。今日では，女性が外で飲食代を払うこともあるし，家族のための雑費を女性が負担することもある。

406

die **Würde**

尊厳・威厳

Man hat ihn in seiner **Würde** verletzt.

彼は尊厳が傷つけられた。

例文解説

受動態で Er wurde in seiner Würde verletzt. とすることもできます。

関連語

形 **würdig** 威厳のある；…[2] に値する
他 **würdigen** 〜[4] を …[2] に値すると見なす

407

volkstümlich

国民固有の・民族性に合致した；人気のある

形 比 volkstümlicher 最 am volkstümlichsten

Ihre Musik war einfach und **volkstümlich**.

彼らの音楽はシンプルであり，かつ万人受けするものだった。

関連語

形 **gemeinverständlich** 平易な・通俗的な
形 **populär** 人気のある；一般大衆に普及している

Kultur hat die wichtige Funktion, die abstrakte Weltanschauung gemeinverständlich zu präsentieren.
文化には，抽象的な世界観をわかりやすい形で可視化してくれる重要な機能がある。

410

読解練習

„Hauptsache gesund!" — dieser **volkstümliche** Begriff hat auch für die Verfassung, die die **Würde** des Menschen gewährleistet, große Geltung. Körperliche Gesundheit kommt mit Sport und seelische Gesundheit bekommt man mit **frommer Andacht**.

408

die Andacht

信心深さ；気持ちの集中；祈祷

女 *pl.* -en

Der unterhaltsame Abend schloss mit einer kurzen Andacht.

楽しい語りの夕べは，短い祈祷で締めくくられた。

関連語

形 **andachtslos** 不信心の・敬虔ではない

男 der **Glaube** *pl.* -n 信念・信頼

409

fromm

信心深い；誠実な・善意の

形 比 frommer, frömmer 最 am frommsten, am frömmsten

Meine Eltern kamen beide aus einem frommen Haus.

両親はどちらも信仰心の深い家で育った。

例文解説

主語が複数（両親）で，aus einem frommen Haus が単数ですが，父親の出身となる家が一つ，母親のほうにも一つ，です。このような読みを「分配読み」と言います。

関連語

形 **religiös** 宗教の；敬虔な

女 die **Frömmigkeit** 信心深さ・敬虔

Frömmigkeit hat nichts mit Spiritualität zu tun.

信仰心というのは，スピリチュアルなものとはまた違う。

「健康が一番！」この民衆によく知られた概念は，人間の尊厳を保証した憲法にとっても大きな重みを持っている。身体の健康は運動によって得られるし，心の健康は信仰心のある祈祷によって得られる。

411

die **Solidarität**

連帯・仲間意識

Am Ende aber siegt die **Solidarität** der Berufskollegen.

最後は，同僚同士の連帯意識が物を言う。

例文解説

「正義が勝つ」のような表現は，日本語だけでなくドイツ語にもあり，興味深いです。例文中の aber は，不変化詞で，「なんだかんだ言っても」というようなニュアンスです。

関連語

男 der **Gemeinsinn** 共同精神・公共心
女 die **Verbundenheit** 団結・結束・連帯

412

die **Besatzung**

乗組員：駐留；占領軍

女 *pl.* -en

Neben den Feuerwehren war die **Besatzung** eines Rettungswagens im Einsatz.

消防隊に加えて，救急隊員も出動した。

例文解説

主語は die Besatzung で，単数扱いです。動詞は war（単数形）です。

関連語

女 die **Belegschaft** *pl.* -en 〔集合的に〕全従業員
他 **besetzen** ～を埋める；～を占領する

415

読解練習

Weniger erfahrene **Besatzungs**mitglieder werden sofort **entlassen**, selbst wenn sie hohe **Solidarität** zeigen. Immer neue Mitglieder wurden in den **Schwarm** der Soldaten eingesetzt. Aber ein paar Monate später kam die **Besatzung** zu einem Ende und der kalte Krieg hat begonnen.

413

der Schwarm

（魚などの）群れ・一団

男 *pl.* Schwärme

Ein Schwarm Vögel war in das Triebwerk seiner Maschine geraten.

鳥の群れが彼の乗っていた飛行機のエンジン部に吸い込まれてしまった。

例文解説

動詞 geraten は「入りこむ」という意味の移動動詞で，完了形は sein 支配です。実際には複数の鳥がいたはずですが，「群れ」として単数扱いですので，動詞も war（単数形）です。

関連語

自 **schwärmen** 群がる・群れをなす；S 浮かれ歩く
女 die **Herde** *pl.* -n 群れ・群衆

♫
414

entlassen☆★

～を解放する・解任する

他

du entlässt	entließ
er entlässt	entlassen

Der Unfallfahrer konnte nach ambulanter Behandlung wieder entlassen werden.

事故を起こした運転手は，救急措置を受け，無事に退院できた。

例文解説

entlassen は「解き放つ」で，ここでは「退院させる」ことを表しています。受動文（werden ＋過去分詞）に，さらに話法の助動詞が用いられている構文です。

関連語

他 **befreien** ～を解放する・自由にする
他 **ab|schaffen** ～を手放す；～を廃止する

経験の浅い占領軍メンバーは，たとえ高い連帯性を示していてもすぐに解任された。常に新しいメンバーが兵士団に投入された。しかし，数ヶ月後には駐留は終わり，そして冷戦が始まった。

416

die **Zensur**

検閲；(学校などの）成績評価

女 *pl.* -en

Es gibt keine **Zensur**, alle dürfen im Netz völlig abstruse Meinungen äußern.

検閲などない，誰でもネットに好きな意見を書いてよい。

例文解説

形容詞 abstrus はラテン語の abstrūsus「秘密の」を語源とし，「混乱した・意味不明な」といった意味です。独り言（つぶやき）などは個人の自由だということです。

関連語

女 die **Note** *pl.* -n 評点・成績；楽譜
女 die **Überwachung** *pl.* -en 監視・管理・監督

417

der **Tyrann**

専制君主・専制的支配者；暴君

男 *pl.* -en

Man muss selbst **Tyrann** sein, um ein großes Werk zu schaffen.

偉大な業績を成し遂げるためには我を通すことも必要だ。

例文解説

Tyrann は男性弱変化名詞です。例文は，um + zu 不定詞句「～するために」が使われています。

関連語

男 der **Machtmensch** *pl.* -en 権力者
他 **tyrannisieren** ～を暴君的に支配する・～に暴虐を加える

420 読解練習

Die Angestellten beschreiben ihren Chef als wütenden **Tyrannen**, der eine **feudale** pompös eingerichtete Wohnung hat und keinen Widerspruch duldet. Er nimmt den Mitarbeitern die Post heimlich vom Tisch und kontrolliert alle E-Mails der Kollegen: das ist **Zensur**. Ein Untersuchungs**ausschuss** wurde einberufen.

418

der **Ausschuss**

委員会

男 *pl.* Ausschüsse

Im Ausschuss waren auch die Leiterinnen der Kindergärten und einige Erzieher anwesend.

委員会には幼稚園長と教育者が数名名を連ねていた。

例文解説

anwesend sein で「出席している」，abwesend sein で「欠席している」です。この例文は過去形で，主語は複数ですので，動詞が waren（過去形，3 人称複数）です。

関連語

中 das **Komitee** *pl.* -s 委員会

中 das **Kollegium** *pl.* Kollegien 合議体・評議会

419

feudal

封建制の・封建的な；ぜいたくな

形 比 feudaler 最 am feudalsten

Es gibt kaum einen anderen Zeitpunkt, wo so feudal gespeist wird wie zum Weihnachtsfest.

クリスマスパーティほど豪華な食事が並ぶことは他にはほとんどない。

例文解説

wie zum Weihnachtsfest は，枠外配置（副文が定動詞後置で閉じたはずの後に，さらに外置されている）です。zum Weihnachtsfest に見られるような zu は「～の際に」という意味です。

関連語

女 die **Feudalität** 封建制；高貴・華美

形 **demokratisch** 民主主義の・民主的な

従業員たちは，社長のことを怒れる専制君主と表現している。豪華な設備の住まいに住み，いかなる反論も認めない。従業員宛の郵便はこっそり机から取り除いてしまい，また同僚のメールもチェックする，検閲である。調査委員会が呼ばれた。

421

an|tasten

～を侵害する

Die Freiheit der Äußerung ist nicht **anzutasten**.

表現の自由は侵害されてはならない。

例文解説

分離動詞ですので，zu 不定詞で anzutasten となることや，過去分詞で angetastet になることなどに注意してください。

関連語

形 **unantastbar**　侵害不可能な
他 **beschädigen**　～を損なう・損害を与える

Menschenrechte sind unantastbar.
人権は不可侵である。

422

zurück|treten☆★

後退する；辞職する；～から手を引く・断念する

自 S	du trittst ... zurück	trat ... zurück
	er tritt ... zurück	zurückgetreten

Bei einer mangelhaften Ware kann der Kunde nicht gleich vom Kaufvertrag **zurücktreten**.

品切れだからといって，顧客は購買契約をすぐには解約できない。

例文解説

Kunde は男性弱変化名詞です。von ～^{3} zurück|treten で「～^{3} から後退する・手を引く」という意味です。

関連語

自 **ab|danken**　退職・辞任・退位する
自 **aus|scheiden**★ S　退職・退会・引退する

425
読解練習

Das Menschenrecht ist nicht **anzutasten**. Aber der Geschäftsleiter hat einen Mitarbeiter in der Würde verletzt. **Infolge** seiner böswilligen Tat musste er **zurücktreten**. Das alles ist keine glückliche Geschichte, aber bei **etwaigen** neuen Fällen würden wir auch weiterhin kämpfen.

423

infolge

～の結果として・～のせいで

Ein Schaden in Millionenhöhe ist infolge eines Brandes im Wald entstanden.

森林火災で，百万単位の損害が生じた。

例文解説

前置詞 infolge は 2 格支配です。

関連語

前 **aufgrund** （2 格支配）～に基づいて
前 **wegen** （2 格支配）～のせいで

424

etwaig

起こりうる・万一の

Gibt es nicht jährlich Diskussionen über ein etwaiges Eintrittsgeld?

場合により入場料をとることについて，毎年同じことを議論していないか。

例文解説

etwaig は基本的には付加語的にしか用いません。

関連語

形 **eventuell** 場合によっては起こりうる・万一の
形 **eintretend** （予期せぬことが）起こっている

人権は不可侵である。その経営者は従業員の尊厳を損ねた。その悪事の結果，経営者は退陣を余儀なくされた。これは幸せな話ではなかったが，今後も新たなケースが生じるとしても，私たちは引き続き戦わなければならない。

zu 不定詞＋ sein で「～されうる・されるべきである」という表現になります。

426

imstande

～できる・可能な状態である

Nach der Arbeit war ich zu nichts mehr **imstande**.

仕事の後は，精根尽き果てた（何もできる気力がなかった）。

例文解説

im Stande とも綴ります。「～できる」の内容は，zu 不定詞句や zu ～[3] を用います。

関連語

成 **fähig sein** ～する能力がある；～しかねない

成 **in der Lage sein** ～できる状況にある

Der Patient war nicht in der Lage aufzustehen.
その患者は起き上がれる状況になかった。

427

zugute

利益になるように・～のためになるように；自慢して

Du musst dir auch manchmal etwas **zugute** tun.

たまには自分のためになることもしないといけないよ。

例文解説

jm. et.[4] zugute tun で「…[3] に～[4] の埋め合わせをする」ですが，再帰代名詞 sich[3] を使うと「自分のしたいことをする・～をして楽しむ」という意味になります。

関連語

他 **übersehen**⋆⋆ ～を見逃す・看過する；大目に見る

副 **zunutze** 〔sich[3] et.[4] zunutze machen の形で〕～を利益になるように利用する・～につけこむ

430

読解練習

Er war nicht **imstande**, die gewünschten Medikamente zu bekommen. Sie **gelangten** endlich in seine Hände und **verschaffen** ihm jetzt etwas Erleichterung. Er konnte sich einen ganzen Monat erholen. Die Pause ist seiner Gesundheit **zugute** gekommen.

428
gelangen

達する・届く；～の状態になる

自 S

Dem Torhüter gelangen zig Rekorde.

そのゴールキーパーは数々の記録を打ち立てた。

例文解説

この文の主語は Rekorde（複数形）です。動詞の人称変化が複数形対応であることも確認してください。zig は口語的ではありますが，「非常に多くの」を意味する形容詞です。無変化で使います。直訳は「非常に多くの記録がそのゴールキーパーに届いた」です。

関連語

自 **hin|kommen*** S　うまくいく；～で（mit ～^{3}）間に合わせる
自 **dringen*** S　（突き抜けて）到達する

429
verschaffen

～を得させる・調達してやる；〔再帰〕調達する

他

Die neue Technologie verschafft den Geräten mehr mobile Unabhängigkeit vom Stromkabel.

新しいテクノロジーのお陰で，デバイスはワイヤレスになってきている。

例文解説

den Geräten は複数形３格，mobile Unabhängigkeit が４格（単数形）です。文の主語は die neue Technologie です。直訳は，「新しいテクノロジーは，デバイスにさらにケーブル線からの可動的自由を得させている」となります。

関連語

他 **beschaffen**　～を調達する・手に入れる
他 **besorgen**　～を調達する・手に入れる；～の世話をする

望んでいた薬は入手できる状態にはなかったが，ようやく彼の手元に届いた。薬は彼の痛みをいくらかは和らげてくれた。彼は１か月間まるまる休養ができた。この休みは彼の体にプラスになった。

431

erwerben☆★

～を獲得する；～を入手する

他

du erwirbst	erwarb
er erwirbt	erworben

Persönlichkeit kann man nicht käuflich erwerben.

個性はお金で買えるものではない。

例文解説

Persönlichkeit は「個性や人柄」です。「価値あるものはプライスレス」という言い方がありますが，お金で買えない貴重なものである，ということです。

関連語

他 **erlangen** ～を獲得する；～に到達する
他 **erreichen** ～を達成する；～に手が届く

432

erobern

～を征服する；～を獲得する

他

Mit ihrer Musik möchte sie auch die japanischen Herzen erobern.

彼女は，その音楽で，日本人も虜にすることを狙っている。

例文解説

「心を征服する」－「虜にする・魅了する」という意味です。海外アーティストが，日本の方々にも自分の音楽に熱狂して欲しい，という気持ちが表されています。

関連語

他 **ein|nehmen**☆★ ～を占拠する；～を得る
他 **erringen**★ ～を戦い取る；～を獲得する

435

読解練習

Der FC Köln hat als erster Verein einen japanischen Spieler erworben. Der Klub hat 1978 die Bundesliga erobert und seitdem spielen Japaner aktiv in mehreren Vereinen. Der internationale Markt für japanische Spieler ist gediehen. Positive Bewertungen für Japaner sind seitdem häufig zustande gekommen.

433

zustande

成立して・成就して・あるべき形で

副

In der zustande gekommenen Wahl hat der 30-jährige gewonnen.

選挙が成立し，30 歳候補が勝った。

例文解説

zustande kommen で「成立する」という表現です。動詞 kommen が過去分詞（「成立した」という完了の意味が出ます）になることで，形容詞として使えますので，名詞（Wahl）に付加語的に添えられています。

関連語

男 der **Zustand** *pl.* Zustände 状態・様子；情勢・状況

形 **zuständig** 資格のある・権限のある；所轄の・係の

434

gedeihen★

栄える・繁栄する・繁茂する

自 S

gedieh
gediehen

Die Trüffel gedeihen im australischen Winter von Juni bis August.

トリュフは，6 月～8 月のオーストラリアの冬に大きく育つ。

関連語

自 **blühen** 花が咲いている；栄えている・盛りである

自 **wuchern** S h （植物が）繁茂する；（悪いものが）はびこる・蔓延する

Mit diesem Pfund hätten wir wuchern können.
この才能が活かせれば成長できていたのに。

FC ケルンが初めて日本人選手を獲得した。チームは 1978 年シーズンにブンデスリーガを制覇し，それ以来日本人は様々なチームで活躍している。日本人選手の国際市場は栄えている。それ以来というもの，日本人選手に対する高評価が実現することが多くなっている。

436

verderben☆☆

腐敗する・滅びる；～をだめにする・台無しにする

自 s；他

du verdirbst	verdarb, verderbte
er verdirbt	verdorben, verderbt

Die hohen Spritpreise verderben uns den Spaß am Autofahren.

高騰するガソリン代のせいで，車を運転する楽しみが失せる。

例文解説

文の主語は die hohen Spritpreise，直接目的語は den Spaß です。間接目的語の uns は，その楽しみを奪われる被害者（ラテン語でいう奪格）です。

関連語

自 **faulen** s h　腐る・腐敗する；化膿する

自 **verkommen**★ s　堕落する・落ちぶれる；腐る・朽ちる

437

weichen★

消え去る・消滅する；退く

自 s

wich
gewichen

Das historische Gebäude soll für einen Bürgerpark weichen.

その歴史的建造物は撤去され，跡地は市民公園になる予定だ。

例文解説

直訳すると，「その歴史的建造物は，市民公園のために撤去される」です。sollen は，そうなるべくしてなる，という他者の意志や決定を表しています。

関連語

他 （再帰）sich⁴ **entfernen**　遠ざかる・離れる・立ち去る

女 die **Weiche** *pl.* -n　転轍機・ポイント

440 読解練習

Man sagt, der Dativ sei dem Genitiv sein Tod und das sei der Verfall der deutschen Sprache. Aber Sprache bleibt eigentlich nie gleich. Viele alte Wörter sind verschwunden, als seien sie verdorben. Kommen neue Begriffe oder Phänomene auf, dann weicht viel Altes zur Seite. Dabei kommt es jedoch selten dazu, dass Menschen aufgrund dieser Änderungen verwirrt sind.

438

der **Verfall**

崩壊・衰退

Können Anglizismen einen Verfall der deutschen Sprache verursachen?

英語からの借用語はドイツ語の衰退を引き起こしうるか。

例文解説

外来語は，とくに若者言葉に多く，ドイツ語らしい語彙が失われると心配する向きがあります。しかし，Keks（英語の cakes の借用語）のように，それが英語由来であったことが忘れられているほど定着した語もあります。

関連語

自 **verfallen**★★ S　老朽する・崩壊する；衰退する

男 der **Niedergang**　没落・衰退；下降

439

verwirren

～をもつれさせる；～を紛糾させる

Etliche Ausnahmen bei der Mehrwertsteuer verwirren nicht nur die Steuerzahler.

消費税の数々の例外に混乱しているのは納税者だけではない。

例文解説

文の主語は etliche Ausnahmen，目的語は die Steuerzahler です。bei der Mehrwertsteuer は Ausnahmen を，nicht nur は die Steuerzahler を修飾しています。etlich はアクセントが置かれると，反動的に「数の多さ」が強調されます。

関連語

他 **beunruhigen**　～を不安にする・悩ませる

他 **verunsichern**　（信念などを）ぐらつかせる・不安にする

3格（の発達）は2格の滅びだ。ドイツ語の崩壊だ，と言われている。しかし言葉というものはそもそも変わりゆくものだ。古い言葉も，まるで朽ちてしまったかのようにたくさん消え失せた。新しい概念や現象が来たら，多くの古きものは退いてしまう。しかし，人々がその変化に混乱してしまうことは稀である。

441

stocken

（進行中のものが）止まる・中断する

Mit ihrem Können lässt sie den Zuschauern den Atem **stocken.**

彼女の技に，観客たちは息をのむ。

例文解説

使役動詞 lassen は「不定詞付き 4 格」を目的語にとります。主語は sie，目的語は den Atem，そこに不定詞（stocken）が添えられます。den Zuschauern は，den Atem の所有者（所有の 3 格）です。

関連語

自 **stagnieren**　停滞する・静止する
他 **ab|brechen**★★　～を中断する・打ち切る；～を取り壊す；～を（ポキンと）折る

442

der Absatz

中断；段落；（法規の）項

男 *pl.* Absätze

Er hat die traurige Geschichte in **Absätzen** erzählt.

彼は悲しい物語を途切れ途切れ話して聞かせた。

例文解説

Absätzen は Absatz の複数形 3 格です。in Absätzen で「途切れ途切れ」という意味になります。

関連語

男 der **Abschnitt**　*pl.* -e　部分・断片
男 der **Bereich**　*pl.* -e　領域

445

読解練習

Der Verkehr **staut sich** besonders im Süden. Auch auf den Routen von und zu den Küsten kann der Wochenendverkehr ins **Stocken** geraten. In Berlin **hemmen** vielerorts heruntergefallene Gegenstände den Verkehr. Nach einem **Absatz** der Verkehrsverordnung verpflichtet sich der Fahrer, keine Gegenstände auf die Fahrbahn fallen zu lassen.

443 stauen

～をせき止める；〔再帰〕渋滞する

Auf den Straßen **stauen sich** Tausende von Fahrzeugen.

通りという通りで，何千台もの車が渋滞している。

関連語

(他) **ab|sperren** ～を遮断する・閉鎖する；～の流れを止める

(男) der **Stau** *pl.* -e 停滞・停留； *pl.* -s 渋滞

Motorradfahrer schlängeln sich gerne zwischen den Autos durch den Stau.

バイカーたちは渋滞の車の列を縫うように抜けていくのが好きだ。

444 hemmen

～を阻止する・動きを制する；遅延させる

Gleichzeitig helfen die Medikamente dem Körper, Entzündungen zu **hemmen**.

同時に薬が効いて，炎症を抑えるのを助けてくれる。

例文解説

helfen は 3 格支配ですので，dem Körper が 3 格目的語です。体には炎症を抑えようとする力があり，その力を助けてくれる，ということが言われています。つまり，zu 不定詞句の動詞 hemmen の主語は Körper です。

関連語

(女) die **Hemmung** *pl.* -en 妨害；ためらい・気後れ

(他) **verzögern** ～を遅らせる・延期する

交通は特に南部で渋滞が起こっている。海岸に向かう上下線とも週末は渋滞になる可能性がある。ベルリンではあちこちで落下物が交通を妨げている。道路交通法の項の一つによると，運転者は走行車線に物を落下させない義務を負っている。

446

scheitern

挫折する・不成功に終わる

㊀ S

Was passiert, wenn die Friedensverhandlungen scheitern?

和平交渉が頓挫した場合，どうなるのか。

関連語

㊀ **fehl|schlagen**☆☆ S　打ち損じる；失敗に終わる

㊀ **durch|fallen**☆☆ S　落ちる；落第する；(作品等が) 不成功に終わる

Dieser Versuch ist aber total fehlgeschlagen, wir haben noch viel mehr Arbeitslose als vorher.

この試みは完全に失敗だった。以前より失業者数がさらに増えた。

447

stolpern

つまずく・足が絡まる；失敗する

㊀ S

Viele bewältigen ein Gebirge und stolpern letztlich über einen Stein.

多くの人は難局を越えた先でも，ちょっとしたことでつまづいてしまうものだ。

例文解説

bewältigen は「～[4]を克服する」で，ここでは「一山 (ein Gebirge) を越える＝難局を乗り越える」などの意味です。日本語では「油断大敵」が近いでしょう。

関連語

㊀ **straucheln** S　つまずく・足を踏み外す

㊀ **holpern** h　(でこぼこ道で) 揺れる；S 揺れながら行く；S つまずく・つっかえる

450

読解練習

Ein Mann scheiterte bei einem Wohnungseinbruch. Der Einbrecher hat im Stadtzentrum vergebens versucht, in eine Wohnung einzudringen. Der Täter war vor der Tat jagen gewesen. Seine Falle, in die er Bären stolpern lassen wollte, sei misslungen. Er sei frustriert gewesen und habe deshalb die Tat begangen, so der Täter.

448

misslingen★

（物事が）失敗に終わる

自 S

misslang
misslungen

Meine Angaben **misslangen** anfangs allesamt - ich habe den Ball gar nicht getroffen.

サーブは初めはまったく成功しなかった。ボールにまったく当たらなかった。

例文解説

Angabe は，この例文ではテニスやバレーボールで最初にボールを相手コートに打ち込むことを指します。misslingen も treffen も不規則動詞（過去形 misslang, 過去分詞 misslungen；過去形 traf, 過去分詞 getroffen）です。

関連語

自 **gelingen**★ S （物事が）成功する・うまくいく
自 **verunglücken** S 事故に遭う；（物事が）失敗に終わる

449

vergebens

無駄に・いたずらに

副

In München suchen viele Menschen **vergebens** nach einer Wohnung.

ミュンヘンでは多くの人が，住宅が見つからなくて苦労している。

例文解説

「～したけど，無駄だった・収穫なしだった」というときに vergebens/vergeblich を副詞として添えます。nach ～[3] suchen で「～[3]を探す」という自動詞表現です。

関連語

形 **vergeblich** むだな・無益の・むなしい
他 **vergeben**★★ （機会などを）逃す；～を損なう；（罪を）許す

一人の男が住宅強盗に失敗した。その強盗は市の中心部にある住宅に押し入ろうとしたが無理だった。犯人は犯行の前，狩りに行っており，熊の足を絡めようとした罠が失敗に終わり，むしゃくしゃしており，そのために犯行に及んだ，と犯人は供述している。

和文独訳にチャレンジ！

本編の例文を［　］内のヒントを参考に，必要な場合は適切な形にして独文にしてみましょう。

□ 当社では，面接にはスーツもネクタイもなしで来ていただいて構いません。
掲載頁 10
［bei uns, Bewerber, auch, Anzug, Schlips］

□ 白いシャツに蝶ネクタイの出で立ちで，彼は私たちに挨拶をした。
10
［mit, Hemd, Fliege, begrüßen］

□ ペットの首にリボンを結んでいる飼い主もいる。
10
［einige, selbst, Haustiere, Schleife, Hals, binden］

□ チームは二度，最後の数分で窮地を脱した。
10
［zweimal, Mannschaft, Schlussminuten, Kopf, Schlinge, ziehen］

□ 法廷で，一人の裁判官が激怒したことがあった。
11
［Gerichtsverhandlung, platzen, Richter, Kragen］

□ 東京には，いま，世界の政治家たちが次々につめかけてきている。
11
［zurzeit, Politiker*innen, sich geben, Klinke, Hand］

□ 窓が閉まっているのにカーテンが揺れていたら，それは窓に隙間があるのだ。
12
［wenn, Gardine, schließen, Fenster, wehen, dicht］

□ 彼らはゴミを取り除いたり，路上を綺麗にしたりしている。
12
［beseitigen, Abfall, oder, säubern］

□ 万人に，才能は漂っている。
13
［Menschen, schlummern, Talente］

□ 朝の地下鉄では，ほとんどの人がうとうとしたり，携帯をいじったりしている。
13
［morgens, dösen, meist, Handys, herum|tippen］

□ その男性は，飼い犬を目に見えないリードでつないでいたらしい（接続法１式）。
13
［sein, dabei, mithilfe, unsichtbar, Leine, lenken］

□ 帆はボートを進めてくれ，錨はボートに安全を提供してくれる。
14
［Anker, schenken, Boot, Sicherheit, während, Segel, lassen］

□ そのスズメは，庭で我が物顔だ。
14
[Spatz, König]

□ 市の報告によると，停電の原因は一羽のカラスだった。
15
[wie, mitlteilen, Krähe, Schuld, Stromausfall]

□ この動物たちは，うまく扱ってあげれば，本当におとなしい。
15
[Tiere, bei, gut, Behandlung, zahm]

□ 一見無害に思えるその一文も，実際には危険だ。
15
[harmlos, klingen, Satz, Wahrheit, gefährlich]

□ 犬と馬の飼育は，もう何千年もの歴史がある。
16
[Hunde, Pferde, züchten, Jahrtausende, Tradition]

□ 緑の植物ならなんでも利用できるわけではない。
16
[es, nicht, jeder, Gewächs, verwenden]

□ 庭にきれいな葉を茂らせる低木を植えたいと思う。
17
[Sträucher, mit, Laub, pflanzen]

□ 人生にはいつも新しいつぼみや花が咲くものだ。
17
[Leben, bergen, Knospen, Blüten]

□ 土曜日に警察はそのデモが大きくなる前に鎮圧しようとした。
17
[Polizei, versuchen, Demonstration, Keim, ersticken]

□ この季節の天候では，まったく畑仕事ができない。
18
[derzeitig, Witterung, man, gar, pflügen]

□ 疑いの種が明らかに蒔かれている。
18
[Verdacht, absichtlich, säen]

□ 芝生が濡れていて，長らく刈ることができなかった。
18
[lange, ich, mähen, Wiesen, zu, feucht]

□ 《諺》身から出たさび（風の種を蒔くものは，嵐を刈り入れることになるだろう。）
18 ［wer, säen, werden, Sturm, ernten］

□ 行政や裁判所の取り回しはゆっくりすぎる。
19 ［Mühlen, Behörden, Gerichte, mahlen, viel, langsam］

□ 絹織物は，当時のフランスで栄華を極めた産業の一つだった。
19 ［Seide, damals, blühen, Industrie, Frankreich］

□ タフタは，とりわけ水分，暑さ，光で傷みやすい。
19 ［Taft, extrem, empfindlich, vor allem, gegenüber, Hitze］

□ 彼女は箱入り娘だ。
20 ［werden, von, Eltern, Watte, packen］

□ 免疫システムにより，私たちの体は自細胞と外的組織を区別することができる。
20 ［durch, Immunsystem, Körper, eigen, fremd, Gewebe, unterscheiden］

□ このロングスカートは軽くフレアーが入っており，薄手の生地で作られている。
20 ［lang, leicht, aus|stellen, luftig, Webstoff］

□ その歌手は両親の人生のエピソードを巧みに編んでストーリーに仕立てた。
21 ［weben, Episoden, aus, Leben, geschickt, zusammen］

□ 棚もできれば濡れ雑巾で拭くのがよい。
21 ［Regale, sollen, feucht, Lappen, reinigen］

□ 彼は，彼女が何か素敵なものを縫えるようにミシンを贈る。
22 ［Nähmaschine, damit, etwas Schönes, nähen］

□ 伝説が人工的に編み出されようと試みられた。
22 ［es, versuchen, Legende, stricken］

□ それは政治家たちだけで勲章のように思っていればいい。
23 ［werden, doch, Politiker, Revers, sich heften］

□ 23 数台の車が，フロントガラスに紙を挟まれている。
［etlich, Fahrzeuge, Zettel, Windschutzscheibe, klemmen］

□ 24 洋服屋は，自分のコートに開いた穴を繕えない。
［Schneider, Loch, eigen, flicken］

□ 24 計画されているのは，居住・ビジネス・娯楽が揃った新しいエリアである。
［planen, sein, Stadtquartier, Gewerbe, Freizeit］

□ 25 魚の中には電磁場を作り出すものもいる。
［einige, erzeugen, elektrisch, Felder］

□ 25 父は成功を収めた靴職人だった。
［erfolgreich, Schuster］

□ 25 私が思うに，練習だけではなんちゃってマイスターにしかなれない。
［glauben, nur, scheinbar, Meister］

□ 26 ハロウィーンが近づき，彼らはカボチャを彫刻しようと考えている。
［Halloween, stehen, Tür, da, wollen, Kürbis, schnitzen］

□ 26 子どもたちは楽しんで，藁の山を掘り返し，イースターエッグを探している。
［wühlen, Stroh, Ostereier］

□ 27 結論としては，彼は自分の町にそれ以上いたくなかったのだ。
［unter, Strich, weiter, bleiben］

□ 27 彼は，ベストを編むのにちょうどいい毛糸を探している。
［Weste, passend, Garn］

□ 27 彼は今回は，ユニフォームの代わりに上等なスーツに袖を通している。
［statt, Trikot, schlüpfen, fein, Zwirn］

□ 28 背中にトラブルを抱えないように，犬の散歩時にはリードを短く持ちすぎないように。
［Rückenprobleme, vermeiden, Hundehalter, Leine, fassen］

□ 経済政策が手綱を引き締めてしまったら，どうする？
28 [was, Geldpolitik, Zügel, an|ziehen]

□ 数年前から，ひも（ここでは財布の）を明らかに以前より締めなければならなく
29 なっている。 [wir, Riemen, deutlich, eng, schnallen]

□ 私は，一日中ベルトコンベアで作業をしている。
29 [ganz, an, laufen, Band]

□ 私は，真ん中に黒いバックルの付いたえんじ色のリュックサックを電車内に忘
29 れてしまった。 [dunkelrot, Rucksack, Schnalle, Mitte, vergessen]

□ それを運搬するのに一番いいのは，保護ケースに入れることだ。
30 [transportieren, man, also, schützen, Hülle]

□ 彼は，もしかすると顔を隠すためにメガネをかけたのかもしれない。
30 [eventuell, Tarnung, tragen]

□ どの決定も，この 4 つのフィルターでチェックを受ける。
30 [Entscheidung, sollen, Trichter, gehen]

□ 彼はざるのように忘れっぽい。
30 [Gedächtnis, wie, Sieb]

□ 子どもたちは歩きながら棒付きアイスを食べている。
31 [laufen, Eis, Stiel]

□ その講座は厳しいもので，毎日たくさんの課題が出た。受講生のおよそ 2/5 しか耐え
31 抜くことができなかった。 [Kurs, hart, mit, etwa, Fünftel, Stange, bleiben]

□ 私は，コンパスなしで大きな円をとても上手に描くことができる。
32 [auch, Zirkel, Kreis, zeichnen]

□ ナイフを買うときには，刃が容易にダメになってしまうかどうか，テストする
32 ことができる。 [bei, Käufer, testen, Klinge, verbiegen, sein]

□ 32 それは両刃（もろは）の剣だ。
[zweischneidig, Schwert]

□ 33 法によれば，そのような銃を所有することは禁じられている。
[legal, man, Gewehr, besitzen]

□ 33 弾薬の入っていない武器より，野球バットのほうがよほど危険だ。
[Waffe, Munition, nicht, als, Baseballschläger]

□ 33 当家では，かつての女王陛下から賜った古い勲章が保管されている。
[uns, ganz, Orden, ehemalig, auf|bewahren]

□ 34 この船は胴体にわずかの傷がある以外は無事だった。
[bleiben, bis auf, Kratzer, Rumpf, unbeschädigt]

□ 34 君の個人的な幸せこそが一番大事だ。
[persönlich, Wohl, wichtigst]

□ 35 全粒穀物が体に合いにくい人は多い。
[Menschen, Vollkorn, schlecht, verträglich]

□ 35 口にマスクをすることで，鼻や喉の潤いが保たれる。
[Mundmaske, halten, Rachen, innen, heraus, feucht]

□ 36 大抵，彼らは土曜日になるといっちょやるか，と気合いを入れる。
[spucken, kräftig, Hände]

□ 36 うちの犬はいつも美味しそうに骨をかじっている。これは犬の健康にとっても大事なことだ。
[nagen, genüsslich, Knochen, das, für, auch]

□ 37 その告知に悲痛な声をあげる人もいるが，喜んでいる人もいる。
[manch, stöhnen, Ankündigung]

□ 37 関心がある人はナショナルチームの練習を見学してよい。
[Nationalspieler, Training, zu|sehen]

□ 空腹を我慢しなければならず，まったく集中できなかった。
38 ［übergehen,　sich konzentrieren］

□ 批判的な口調は，彼の口からは聞くことはなかった。
38 ［kritisch,　Töne,　vernehmen］

□ 人は，どんな場合でも自分の本心に耳を傾けるほうがよい。
39 ［Fall,　in sich hinein,　horchen］

□ ちょうどそこに居合わせた観光客たちは，パイプオルガンの演奏を聴くことが
39 できた。　［anwesend,　Orgelmusik,　lauschen］

□ 騒がしい市街地からたった 6 キロ離れるだけでなんと静かになることか！
39 ［wie,　lauschig,　außerhalb,　laut,　Innenstadt,　können］

□ ほとんどの役所は市民に耳を貸さない。
40 ［meist,　Behörden,　sich stellen,　taub］

□ そのテーマは，映画作品中では付随的に触れられているだけである。
40 ［streifen,　sie,　marginal］

□ それが本当か信じられなくて，自分をつねりたいほどだった。
41 ［erst,　kneifen,　um,　heraus|finden,　ob,　wirklich］

□ そのプロジェクトを金銭面で支えられるように，学生たちはクラウドファンデ
41 ィングを開始した。　［Projekt,　finanziell,　stemmen,　Crowdfunding-Kampagne］

□ その新聞社は，そのニュースを世間に暴露しようとした。
42 ［Zeitung,　Nachricht,　Öffentlichkeit,　zerren］

□ このフライパンはさほど重くないので，しっかりと振って使える。
42 ［Pfanne,　sie,　gut,　rütteln］

□ 人々が市役所にどっと押し寄せる。
43 ［sich wälzen,　Rathaus］

☐ 43 ひまわりは正面を太陽のほうに向けて伸びている。
[Sonnenblumen, strecken, Gesicht]

☐ 44 その子どもは，誰も部屋に入らないように，部屋の前に立ち，両手を広げている。
[stehen, und, spreizen, Arme, damit, betreten]

☐ 44 《諺》よく働くものには福が来る。
[sich regen, Segen]

☐ 45 彼はうっかり足の指をどこかにぶつける。
[sich an|schlagen, Versehen, Zehe]

☐ 45 その子どもは直接自室へと忍び足で上がっていく。
[schleichen, direkt, oben]

☐ 46 人々はリズムに合わせて足踏みをする。
[stampfen, Takt]

☐ 46 多くの声が震えている。涙が流された。
[Stimmen, wackeln, geben, Tränen]

☐ 47 コーヒーをシリアルに入れてしまえば，時間短縮になる。
[schnell, gehen, wenn, Müsli, kippen]

☐ 47 腰と膝を少々壊してしまった。
[Hüfte, Knie, einiges, ab|bekommen]

☐ 48 背骨のおかげで，私たちは身をかがめたり，上体をねじったりできる。
[Rückgrat, weder, bücken, noch, Oberkörper, drehen]

☐ 48 子どもたちは母親か父親に肩車をしてもらうのが好きだ。
[hocken, gerne, Schultern, Mütter, Väter]

☐ 49 彼は両手をポケットに入れ，ただカウンターに寄りかかっている。
[stecken, Hosentaschen, lehnen, lässig, Tresen]

□ 最初に現れる症状がどんなであれば結核を疑いますか。
49 [Symptom, verbinden, erst, Linie, Tuberkulose]

□ 彼の顔は蒼白で，茶色の目は遠くを眺めている。
50 [bleich, braun, schauen, Ferne]

□ 我々はごまかすつもりもないし，嘘をつくつもりもない。
50 [wollen, schwindeln, und, wir, lügen]

□ 微量のアルコールでも，胎児に悪影響をもたらしうる。
51 [auch, können, Fötus, Rausch, aus|lösen]

□ 彼は冷静で，視野が広い。
51 [nüchtern, behalten, Überblick]

□ 今日はテンポよく，説得力を持って，意見交換ができた。
51 [man, schnell, bündig, sich aus|tauschen]

□ すごい雪で，その町の機能は麻痺した。
52 [viel, legen, lahm]

□ 彼の体はかゆみ始めて，どうすることもできない。
52 [beginnen, unkontrolliert, zucken]

□ スポーツは無駄な体力消費ではない。ショッピングと同じで娯楽だ。
53 [sollen, Krampf, sondern, Vergnügen, genauso, Shopping]

□ 今日では，とりわけ猫が人間の相棒として飼われている。
53 [Gefährten, Menschen, halten]

□ その襲撃の際，警察官が１人と警備員が２人，軽傷を負った。
54 [Angriff, Polizist, Wärter, verletzen]

□ ダイエットは心理的なトラブルを引き起こすとの証言がある。
54 [Diät, aus|lösen, psychisch, Probleme, sagen, Zeuge]

□ 55 病気に罹患するのは遺伝で受け継いだ体質も関係する。
[manchmal, genetisch, Veranlagung, Mitschuld, Erkrankung]

□ 55 この利点を是非活かしてください。
[Sie, Vorzug, zunutze]

□ 56 資質と才能が発掘され，さらに円熟される。
[Talente, Begabungen, entdecken, Reife, führen]

□ 56 編み物はある程度の手先の器用さが求められる。
[verlangen, gewiss, handwerklich, Geschick]

□ 56 彼は土曜日，巧みに 3 ゴールを決めた。
[Eleganz, Tore, schießen]

□ 57 私の祖母はミシン作業がとても巧みだった。
[geschickt, Nähmaschine]

□ 57 そのドラゴンの動きは，体は大きいのにとても素早かった。
[Bewegungen, Drache, Größe, flink]

□ 58 私たちは過去にうまくやったので，いま成功している。
[gescheit, Vergangenheit, und, Erfolg]

□ 58 TSV1860 ミュンヘンが卓越してゲームを支配した。相手チームはいいプレーがさせてもらえなかった。 [die Löwen, überlegen, Gegner, Spiel, zeigen]

□ 59 このカメラは暗闇には本当に向かない。
[leider, tauglich, Dunkelheit]

□ 59 それはストレスが溜まるだけで，目的に役立ちもしない。
[geben, viel, Stress, zweckdienlich]

□ 59 私の引っ越しをたくさんの大学生が強力に手伝ってくれた。
[Umzug, Studierende, tüchtig, mit|helfen]

□ 展示されている写真が，真実を強力に物語っている。
60 ［Ausstellung, bekräftigen, Tatsache, nachdrücklich］

□ 川岸や海岸に沿って，盛んに漁獲が行われていた。
60 ［entlang, Flussufer, werden, rege, Fischfang, betreiben］

□ 私たちは，新居に腰を据えられたかと思ったら，すぐに転居しなければならな
61 かった。 ［kaum, behaglich, ein|richten, schon, weg］

□ その俳優単独ではかなり味気なく，刺激がないかもしれない。
61 ［alleine, ziemlich, öde, langweilig, wirken］

□ 父と母の醜い言い争いが勃発した。
61 ［wüst, Streit, zwischen, entstehen］

□ 運転手は無造作にブレーキを踏んだ。
62 ［Fahrer, treten, lässig, Bremse］

□ カジュアルに言うと，それはもう時代遅れだ。
62 ［Salopp, formulieren, :, out］

□ やはりこのはさみはそろそろ切れ味が鈍くなってきたな。
62 ［Schere, so, stumpf, und, schneiden, besonders］

□ 私たちは，自分たちが何をしたいのか，まったくわからない。
63 ［schlicht, kein, Idee, was, machen］

□ 彼女が話している間，他の人たちはただじっと下を見つめている。
63 ［erzählen, kucken, ander, starr, Boden］

□ ボウルで生クリームを角が立つまで泡立ててください。
64 ［schlagen, Sahne, Schüssel, steif］

□ 指が，手袋をしているにもかかわらず，凍えてしまった。
64 ［Handschuhe, schnell, klamm］

□ 3か月未満で建設せよなど，彼らは厳しいと思った。
64 ［Bauzeit, von, als, bezeichnen, straff］

□ その振る舞いは頑固というより厚かましかった。
65 ［Verhalten, hartnäckig, unverschämt］

□ 8人のパイロットグループが，労働条件の改善を求めて粘り強く戦っている。
65 ［Gruppe, Piloten, kämpfen, verbissen, Arbeitsbedingungen］

□ 交通量が多く，のろのろしか進めていないが，幸いなことに事故はなく流れて
65 いる。［Verkehr, fließen, zäh, aber, es, unfallfrei］

□ 手荷物は，安全の観点からすると特に扱いが難しい。
66 ［Handgepäck, gelten, Blickwinkel, Sicherheit, als, heikel］

□ 同僚たちは付き合いやすく，仕事もかなり任せてもらえている。
66 ［Mitarbeiter, total, umgänglich, und, ich, selbstständig］

□ この地域に出没する熊は，通常は温厚である。
67 ［Region, normalerweise, gutmütig］

□ 私の性格は，一言で言うと，懐が深いです。
67 ［Natur, es, mit, Wort, barmherzig, sein］

□ 彼の作品は耳心地がよく，まったく退屈しない。
67 ［Stücke, klingen, gefällig, auch, Langeweile, auf|kommen］

□ インタビューの場では，彼の振るまいはリラックスしており好感が持てた。
68 ［Interviews, sich geben, entspannt, liebenswürdig］

□ 羊たちは豊かに羊毛を提供してくれ，見た目も魅力的である。
68 ［Schafe, Wolle, aus|sehen, entzückend］

□ その少女は青いターバンを巻いて，魅力的に微笑んでいる。
68 ［Mädel, Kopftuch, lächeln, charmant］

□ 69 自然は人類に牙を剥くことがある。

［keineswegs, immer, nur, gütig, Menschen］

□ 69 その政治家は，することはなんでも大きいが，行儀の良さは足りない。

［an, Politiker, viel, wenig, artig］

□ 69 私たちは声を上げない従順な国で大声を上げるべきだ。

［Lärm, machen, still, gehorsam］

□ 70 彼はボールのタッチが甘すぎて，無人のゴールを外す。

［berühren, nur, zart, und, verfehlen, dadurch, Kasten］

□ 70 この車は，内部が驚くほど狭く，座席も実に小さい。

［innen, überraschen, Sitze, geradezu, zierlich］

□ 71 とても控えめな新作であるが，同時にエレガントで上品だ。

［sein, bescheiden, Modelle, gleichzeitig, elegant, vornehm］

□ 71 これは刑法で解決する話ではなくて，道徳上の問題だ。

［dies, also, allenfalls, sittlich, Problem, aber, strafrechtlich］

□ 72 彼女には，今のところ，下品であったという烙印が押されている。

［an|haften, Stempel, vulgär, zu, sein］

□ 72 彼の振るまいは厚かましいものだったが，それだけでなく見事でもあった。

［Vorgehen, nur, dreist, auch, geschickt］

□ 73 このビジョンは大胆ではあるが，しかししっかりとリアリティもある。

［Vision, kühn, durchaus］

□ 73 そのプレゼン内容は，厚かましくも嘘ばかりだ。

［bei, Präsentation, es, frech, Lüge］

□ 74 その動物たちは，示し合わせて，うまく捕食者たちを追い払った。

［fassen, listig, Plan, verjagen, Räuber］

□ 彼女は気ままで，他の人が何を思おうと彼女にはどうでもよかった。
74 ［eigensinnig，was，Leute，egal］

□ 大事なのは，チーム全体が勝利に貪欲で居続けられることだ。
75 ［wichtig，dass，Team，gierig，bleiben］

□ 彼らは見栄っ張りで，まったく無責任な行動をよくする。
75 ［eitel，sehr，völlig，verantwortungslos］

□ その政党はその選挙で困難な問題を抱えるに至った。
76 ［Partei，werden，Wahl，arg，beuteln］

□ この通りでは，ひどい汚臭が続いている。
76 ［stinken，immer，grässlich］

□ 彼らはこの上なく素敵な経験を荷物に詰めて，急いで家路につく。
77 ［wieder，zu Hause，an|kommen，unerhört，Erlebnisse，Gepäck］

□ 貸主は，格別な借主が長く住み続けてくれなければどうしようと不安に思って
77 いる。［Vermieter，fürchten，sonderbar，Mieter，dort，wollen］

□ その大統領の訪問は風変わりな出来事だった。
77 ［Präsident，bizarr，Ereignis］

□ 私がお話することは陰気な話ではなく，事実なのだ。
78 ［erzählen，düster，bloß，real］

□ この町は，騒がしく，けたたましく，そして彩り豊かである。ベルリンのように。
78 ［laut，schrill，wie］

□ 観衆たちは甲高い口笛を鳴らしながら，スタジアムを後にした。
78 ［Zuschauer，pfeifen，gellend，und，Stadion］

□ 19 パーセントの人が大晦日には中辛口のスパークリングワインを飲み，ほぼ同じ割合の
79 ドイツ人が辛口を最も好んでいる。［halbtrocken, Schaumwein, etwa, herb, trocken, Sekt］

□ 79 人間の本音というのは，重要な局面では耳障りなものだ。

[inner, Stimme, Momente, heiser]

□ 80 その政治家には悪事の兆しがない。

[bei, Politiker, Anzeichen, krumm, Geschäfte]

□ 80 なぜ毎日，これほど多くの記事の中身がすかすかなのだろう。

[täglich, Artikel, so, hohl]

□ 80 洪水で何日間も洞穴から動けなくなった観光客たちは自由の身となった。

[nach, Hochwasser, tagelang, Höhle, ein|schließen, nun, frei]

□ 81 健康保険は人々の不安を払拭できていない。

[Krankenkassen, jeder, Zweifel, erhaben]

□ 81 そのスピーチのメッセージのとげは，すべての参加者の心に深く刺さっている。

[Stachel, Rede, sitzen, Beteiligte]

□ 82 その心配事は，やや過剰かもしれない。

[Befürchtungen, leicht, übertrieben]

□ 82 彼は，たった２時間で終わる，なんて言っている。かなり過小に見過ぎたものだ。

[ziemlich, untertreiben, als, sagen, es, dauern]

□ 82 事件発生時，二人とも相当にアルコールが入っていた。

[Tatzeit, erheblich, alkoholisieren]

□ 82 本当にものすごくばつが悪かった。

[mir, enorm, peinlich]

□ 83 多くの買い物客が車で来る。それは，一度にとてもたくさん買うので，なおさらだ。

[viel, Kunden, zumal, sie, auf, einmal]

□ 83 明らかなことなのでわざわざ言う必要がないと思っていた。

[ich, das, müssen, eigens, weil, klar]

□ 彼女の人生は完全に軌道から外れてしまった。
83 [geraten, vollends, Bahn]

□ すでに幾重にも試みがなされた。
84 [es, mancherlei, Versuche]

□ この景色には何もない。
84 [karg]

□ その新聞社に対しては，この先は慎重に言葉を選ぶように求めることができる
85 かもしれない。 [wir, Zeitung, veranlassen, Zukunft, Bedacht, wählen]

□ 警察が警察犬を使って犯人を追い回した。
85 [hetzen, Polizeihunde, Täter]

□ 昨日，自転車利用の促進案が公表された。
86 [Entwurf, Förderung, Radverkehr, veröffentlichen]

□ 看板の設置は警察の指示がなければできない。
86 [Aufstellen, Schilder, geschehen, nur, Anordnung]

□ 火災報知器を備え付けることは一年前から法で定められている。
87 [Rauchmelder, sein, Vorschrift]

□ 規約によれば，両者とも再選は可能だ。
87 [laut, Statut, beide, Wiederwahl]

□ 宣誓したら虚偽は許されない。
87 [unter, Eid, lügen]

□ 彼女は，政治的立場を 180 度変えるのだろう。
88 [politisch, Kehrtwende, vollziehen]

□ 選手たちは誰も彼も，勝利を手にして，幸せを放っている。
88 [strahlen, nach, Sieg, um, Wette, Glück]

□ 言語の壁は乗り越えられる。
89
[Sprachbarrieren, überwinden]

□ スピーチの最後には，彼は感情があふれてきてしまう。
89
[Ende, Rede, Emotionen, übermannen]

□ これらの問題は入り組んでいて，決して簡単に議論が尽くされるものではない。
89
[vielfältig, Debatten, sich erschöpfen, keineswegs, so]

□ 歯周病菌は，歯肉や歯を壊し，死因ともなりうる。
90
[Parodontitisbakterium, Zahnfleisch, oder, zersetzen, sogar, tödlich, wirken]

□ スタジアムの隅々が老朽化してきている。
90
[da, modern, Ecken, Enden, Stadien]

□ 日中にたくさん仕事をした後は，ちょっとした気分転換があると楽しい。
90
[so, tagsüber, man, froh, über, Zerstreuung]

□ 料理人の中には，にんにくに塩をふる人もいる。
91
[manch, streuen, Knoblauch, auch]

□ そのままだとお店がゴミとして出すだけだったものが希望者に配られた。
91
[es, Bedürftige, verteilen, Müll, Supermärkte, werfen]

□ 彼女は，警察に電話するのにスマートフォンを貸してもらえないかとお願いした。
91
[bitten, Smartphone, sich borgen, zu, rufen]

□ 状況が特殊であれば，解決策も普通のものでは足りない。
92
[erfordern, außergewöhnlich, Lösungen]

□ 裁判官の下した判決は，検察官側の主張に沿ったものになった。
92
[Richter, entsprechen, Urteil, Forderung, Staatsanwalt]

□ 私は，何かを主張するときには予め下調べをするのが好みだ。
93
[vor|ziehen, sich erkundigen, behaupten]

□ こちらでは，すべての映像・記事・写真を視聴・閲覧していただけます。
93 ［Sie, Videos, Artikel, nach|sehen］

□ 消防隊は，ガスをきちんと制御しながらわざと燃え尽きさせた。
93 ［kontrollieren, lassen, Feuerwehr, Gas, ab|brennen］

□ 海外からの留学生がかなり学籍登録していることは不思議ではない。
94 ［Wunder, dass, sich ein|schreiben, etlich, Ausland］

□ 優勝の印として，かつては持ち回りの優勝カップもあった。
94 ［geben, Urkunde, Wanderpokal］

□ 書類は入念に読んで損になることはない。
95 ［sorgfältig, Lektüre, Papiere, schaden］

□ 新しい研究によると，シャチは人の言葉をまねることさえできる。
95 ［Orcas, sogar, nach|ahmen, zeigen, Studie］

□ 彼らは長い時間抱き合い，そしてじゃれ合っている。
96 ［sich umarmen, sich necken］

□ どの文にもあざけりが滲んでいる。
96 ［mit|schwingen, Hohn］

□ あなたはストレスにさらされたり，過剰な負担を感じたり，心配事に苛まれた
97 りしていますか。 ［stressen, überfordern, oder, plagen, Sie, Sorgen］

□ 選手たちは，ワールドカップで自分たちにむち打って頑張っている。
97 ［Spieler, prügeln, Weltmeisterschaft］

□ その戦略だと，国を経済的に弱らせてしまう可能性が見える。
98 ［Strategie, sehen, man, wie, ökonomisch, verwunden, können］

□ パートナーに精神的乱暴を働くこと（モラル・ハラスメント〈モラハラ〉）も暴力
98 の一つだ。 ［auch, Gewalt, Partner, emotional, misshandeln］

□ 私のメールアドレスが悪用されている？
98
［werden, E-Mail-Adresse, missbrauchen］

□ 小人閑居して不善をなす。
99
［Laster, Anfang, Langeweile］

□ 自分には穢れがないという者は，最初の石を投げよ。
99
［jemand, Sünde, sein, werfen］

□ こんな小説を書こうと思ったなんて，いったい誰の仕業だ？
100
［wollen, denn, so, verbrechen］

□ この裏切り行為には，いつか報いが来るだろう。
100
［Verrat, sich rächen］

□ その病気の王は自殺を試みた。
101
［erkranken, wollen, um|bringen］

□ 彼の任務は麻薬密売者を見つけ逮捕することだ。
101
［Aufgaben, Drogendealer, zu, verhaften］

□ 多くの人は，真実を直視できず，逃げたくなる。
102
［Menschen, flüchten, Angst, Wahrheit］

□ 最後には，彼女はうれし涙を止めることができなかった。
102
［Freudentränen, mehr, zurück|halten］

□ 私は空腹を抑えられなかった。
102
［bezähmen］

□ 彼は批判に対して自己弁護をせざるを得なかった。
103
［sich wehren, Kritik］

□ 彼は，我慢の限界に来ていることをもはや隠さなかった。
103
［kein, Mühe, Ungeduld, verbergen］

□ 相談は中立の立場で，無料で，そして秘密厳守でお受けいたします。
104 ［Beratung, vertraulich］

□ レシピは極秘だ，あるいはいろんなレシピがあるとも言える。
104 ［streng, geheim, besser gesagt, verschieden］

□ 地方に志願者を誘うには，在学中の奨学金の存在が有効であると言われている。
104 ［aufs Land, Bewerber, Stipendium, Studienzeit, locken］

□ スマートフォンは視線を前方ではなく画面に釘付けにしてしまう。
105 ［Smartphones, verführen, Blick, Display, statt, Straße］

□ チョコレートは甘い誘惑であり，それに抗うことは難しいだろう。
105 ［dar|stellen, Versuchung, man, nur, widerstehen］

□ 記憶は誤ることがあるのは誰でも知っている。
106 ［wissen, Erinnerungen, trügen］

□ 最新のライト技術では，対向車の目をくらませることもない。
106 ［Technologie, blenden, Gegenverkehr］

□ パッケージにだまされることもある。
106 ［Verpackung, täuschen］

□ 君の星座が教えてくれる：君はどのタイプ？
107 ［Sternzeichen, werden, verraten, Typ］

□ 貸主が借主のプライベートに踏み込む質問をすることは許されていない。
107 ［persönlich, Vermieter, gestatten］

□ 部屋を借りようとする人は，基本的に子どもが発する声や騒音は受け入れなけ
108 ればならない。 ［als, Mieter, man, grundsätzlich, Kinderlärm, dulden］

□ 努力にお金が支払われないという考え方には耐えかねる。
108 ［ich, Gedanken, ertragen, dass, alle, umsonst］

□ いま，雨はしばしの小康状態のようだ。
108 ［derzeit, scheinen, Ruhepause, sich[3] gönnen］

□ 隣家には，求めに応じて，建築許可書を見せなければならない。
109 ［Verlangen, Einsicht, in, Baugenehmigung, gewähren］

□ 神に，君たちのことを祝福したまえ，と祈る。
109 ［ich, bitten, segnen］

□ 結果を見れば見るほど，疑念が深まっていく。
110 ［Ergebnisse, nähren, Verdacht］

□ おかしな気分だ。
110 ［komisch, zumute］

□ この宗教の教えは，すべての人を包み込む，とされている。
111 ［man, sagen, Gesinnung, Menschen, ein|schließen］

□ この先，どの国で暮らしていこうかということを，今まで決められずにいた。
111 ［bisher, sich entschließen, leben］

□ 真剣な顔つきで，大統領は私たちと握手をしてくれた。
112 ［ernst, Miene, schütteln, Präsident］

□ ボディタッチの仕方で好意や愛情が表される。
112 ［durch, Berührung, Zuneigung, aus|drücken］

□ 我々のチームは好機を逃さなかった。
113 ［nutzen, Gunst, Stunde］

□ 小学校 1 年生たちのやる気はもう，満ち満ちている。
113 ［Schulanfänger, groß, mit, Eifer, dabei］

□ 私たちの関係はますます良い未来になることを確信している。
114 ［wir, Zuversicht, Zukunft, Beziehung, blicken］

□ 彼らはテクノロジーに頼らず，確実かつ信頼できる仕事ぶりだ。
114
[arbeiten, auch, Technologie, sicher, zuverlässig]

□ 私たちはいつも感謝の気持ちを持ち，決してうぬぼれてはならない。
115
[für alles, dankbar, nichts, sich ein|bilden]

□ 彼は自分の知識をひけらかしたかったとのことだ。
115
[offenbar, mit, Wissen, prahlen]

□ 私たちはその企業の文句を言い，呪いの言葉さえ頻繁に口にしている。
116
[schimpfen, Unternehmen, verwünschen, häufig, sogar]

□ それは実に呪わしい話だ。
116
[ganz, verfluchen, Geschichte]

□ そこを訪れて後悔することはないでしょう。
116
[Besuch, Sie, bestimmt, reuen]

□ 私たちは，将来を憂う必要はない。
117
[bange, sein, um]

□ 関心が集まらないのは，まったく不思議ではない。
117
[mangeln, Interesse, können, verwundern]

□ その学生たちは試験で不正行為をした疑いが持たれている。
118
[stehen, Verdacht, schummeln, zu]

□ その政治家は拍手に困惑した様子で，苦笑いをしている。
118
[fast, verlegen, reagieren, Politikerin, Applaus, bitter]

□ 王女は夫に会えない寂しさのあまり，何日もただすすり泣き続けた。
119
[vermissen, Ehemann, sehr, tagelang, schluchzen, können]

□ 驚きの連続で，涙無しでは見られない。
119
[viel zu, staunen, natürlich, kein, Auge, trocken]

□ この水は錆びの味がしてひどい。
120
[schmecken, scheußlich, Rost]

□ 無能な政治に多くの人が額にしわを寄せ，眉をひそめて，不快感を示している。
120
[unfähig, runzeln, viele, Stirn, hoch|ziehen, Augenbrauen]

□ 彼の声は，まだ彼がとても怒っていることを物語っていた。
121
[Stimme, klingen, immer, zornig]

□ 批判する人たちは激怒しているが，興奮するのは大げさだ。
121
[Kritiker, sich empören, doch, Aufregung, übertrieben]

□ そろそろ，太陽が東の空，山の向こうから昇ってくる。
121
[klettern, Osten, hinter, Bergen, empor]

□ 彼らは，もっとうまくアンガーコントロール（怒りの制御）をしなければならない。
122
[gezielt, mit, zornig, Erregung, sich beschäftigen]

□ 来週には吹雪が吹き荒れる可能性がある。
122
[es, auch, Schneesturm, toben]

□ 先ほど，二人はバドミントンを１試合して動き回った。
122
[zuvor, beide, Runde, Badminton, sich aus|toben]

□ 私のアイデアは，子どもたちに本に親しんでもらおうというのものであった。
123
[sein, mit, vertraut, zu, machen]

□ その男性は急いで別れの挨拶をすると，姿を消した。
123
[sich verabschieden, hastig, verschwinden]

□ その動物は，急ぐそぶりもなく，ゆっくりとかわす動作をした。
123
[aus|weichen, groß, Hast]

□ 実行犯は，禁固刑が言い渡されたときも落ち着いて受け答えをしていた。
124
[Täter, Verkündung, Haftstrafe, gefasst, reagieren]

□ 私は暗い空間が落ち着く。
124 ［finden, Räume, an|heimeln］

□ 電話からは，彼がとても落ち着いた雰囲気の人であることが伝わってきた。
125 ［er, am, gelassen, Eindruck, machen］

□ その赤ちゃんはまだ生後数週間だが，もう存在感は堂々たるものだ。
125 ［erst, wenig, alt, recht, stattlich］

□ 赦すことができる人は，幸いである。
126 ［vergeben, wissen, werden, selig］

□ 最近は，大人が子どもたちに古い童話を読み聞かせることをますますしなくな
126 ってきている。［Erwachsene, zögern, heute, mehr und mehr, zu, vor|lesen］

□ 親たちは，少々の頭痛なら子どもを小児科に連れていくことを遠慮しがちである。
127 ［sich scheuen, häufig, wegen, ein paar, zu, Kinderarzt, gegen］

□ 不必要な出費は控えるべきである。
127 ［all, unnötig, Ausgaben, unterlassen］

□ 水曜日からパイロットたちは３日間の予定でストライキをする。
128 ［verweigern, Piloten, für, Arbeit］

□ 多くの機械は氷点付近の温度になるともう動かなくなる。
128 ［Geräte, versagen, Temperaturen, um, Gefrierpunkt］

□ 否定されるべきは，文化の違いではない。
129 ［zu, leugnen, kulturell, Unterschiede］

□ ビールとワイン，チョコレートは，なくても耐えられるという人もいる。
129 ［oder, glauben, einige, entbehren, zu］

□ パイロットが男性だろうが女性だろうが，本当にどうでもいい。
130 ［vollkommen, gleichgültig, Geschlecht, Piloten］

□ 130 我々は，守備で気を抜きすぎていた部分もあった。
［sein, zeitweise, Defensive, nachlässig］

□ 131 試合前には，ウォーミングアップは手を抜いてはいけない。
［Spiel, man, Aufwärmen, vernachlässigen］

□ 131 役所は本当に担当者によって対応がまちまちだ。
［Behörden, agieren, willkürlich］

□ 132 故意かどうかを証明することは一般的に難しい。
［generell, es, Vorsatz, nach|weisen］

□ 132 スウェーデンとの準々決勝で，彼らは雪辱をもくろんでいる。
［Viertelfinale, Schweden, sinnen, jetzt, Revanche］

□ 133 人は，自分のルーツに思いを巡らせるべきだ。
［man, eigen, Wurzeln, sich besinnen］

□ 133 聖金曜日は，十字架でのイエス・キリストの死を偲ぶ日だ。
［Karfreitag, gedenken, wir, Jesu Christi, Kreuz］

□ 134 いま君たちのことを話していたことは，君たちも気づいたことだろう。
［vielleicht, schon, erraten, dass, hierbei, handeln］

□ 134 お宝は発見したものが手にすべきである，と彼らは主張している。
［pochen, dass, Schatz, Finder, gehören］

□ 135 同僚たちが働かずにおしゃべりばかりしているならば，そのうち上司に苦情を言うしかない。［ständig, schwatzen, statt, natürlich, irgendwann, sich beschweren］

□ 135 市と大学は有意義な跡地利用について交渉している。
［Uni, verhandeln, sinnvoll, Nachnutzung］

□ 135 市と郡のトップが会い，協議しようとしている。
［Spitzenvertreter, Landkreis, wollen, sich beraten］

□ 彼の恋は片思いに終わった。
136
[Liebe, werden, erwidern]

□ そんなに事を大きくしないでください。何か反論があるのなら，どうぞ。
136
[bitte, dramatisch, Sie, jetzt, ein|wenden]

□ 株式市場はテロの混乱をはねのけている。
137
[Börsen, trotzen, Terroranschläge]

□ 褒められてやる気が出る人もいれば，非難されることをエネルギーに替える人
137 もいる。 [einer, motivieren, Lob, ein anderer, Tadel]

□ 多分，彼の言っていたことはそれほど的外れではなかったのだろう。
138
[haben, gar nicht, unrecht]

□ 何千キロも離れているのがこれ幸いと，彼は祖国を非難した。
138
[Tausende, davon, entfernt, nutzen, Gelegenheit, Vaterland, schelten]

□ 二人が言い争っていると三人目が喜ぶ，と諺にもある。
139
[zwei, sich zanken, Dritte, heißen, es, Sprichwort]

□ テストの準備があったことがいい言い訳になった。
139
[Vorbereitung, Test, gut, Vorwand]

□ その選手は，連盟会議で説明責任を果たさなければならない。
140
[Spieler, sein, Verbandsversammlung, Rechenschaft, verpflichten]

□ 私は日本人だが，日本のビールは飲まないことをここに告白します。
140
[als, gestehen, dass, kein]

□ 私は，その事故を自分の目で見たわけではないことを白状しなければなりません。
141
[zu|geben, Unfall, selbst, sehen, zu]

□ その二人組は，クラシックとポップスを融合させるようなさらなる試みをして
141 いる。 [Duo, unternehmen, Versuch, Klassik, Pop, versöhnen]

□ 子どもたちは歌を一曲捧げ，愛する神を称える。
142 [preisen, lieben, mit, Lied]

□ このレストランのサービスは，まったく褒められたものではない。
142 [Service, wirklich, zu, rühmen]

□ 私は別にお世辞を言うために招かれたのではありません。
143 [sein, kommen, Gastgeber, schmeicheln]

□ ご協力に対し，先に御礼を申し上げておきます。
143 [Dank, voraus, Hilfe]

□ この映画は実話に基づいている。
144 [liegen, wahr, Begebenheiten, zugrunde]

□ 野菜と果物は病気のリスクを低減してくれる。
144 [senken, Krankheitsrisiko]

□ 彼にとって，数人の友達と過ごす一晩が悩みを忘れさせてくれる。
145 [mit, ein paar, ab|lenken, von, Kummer]

□ 父親はハンブルクに転勤になった。
145 [Hamburg, versetzen]

□ 次のシーズンに改めてスタートを切ることにする。
146 [wir, verschieben, Start, Saison]

□ 彼らはボールを相手方のゴールに押し込むことができなかった。
146 [gegnerisch, Tor, unter|bringen]

□ 警察が，違法駐車の車をレッカー移動している。
147 [ab|schleppen, falsch, Fahrzeuge]

□ このセーターは高温で洗濯したり，洗濯機で脱水してはならない。
147 [Pulli, heiß, waschen, und, in, Maschine, schleudern]

□ あまり上まで成長しない花のほうが，ぽきりと折れにくい。
148 [die, zu, hoch, knicken, wenig, leicht]

□ 新しいマネージメントによって，経営がほんの少し上向きになる。
148 [Management, auf|richten, Geschäft, mit, Schritte]

□ 君のこと，本当に気の毒だと思っている。
148 [es, tun, aufrichtig, leid]

□ 新しく建てられる高層ビルの高さがどんどん高くなっている。
149 [Wolkenkratzer, ragen, immer weiter, Himmel]

□ シグナル音とともに，時計が深夜に１時間ジャンプする。
149 [Signalton, sorgen, dafür, Nacht, automatisch, um, Stunde, vor|springen]

□ 今日から地下鉄はまたいつも通りの営業範囲となる。
149 [fahren, üblich, Umfang, Zonen]

□ 残念ながら，住人たちはそのような変更はなかなか受け入れてくれない。
150 [sich sträuben, Einwohner, oft, gegen, Änderung]

□ 途中，朝食を兼ねた休憩が予定されています。
150 [unterwegs, Rast, mit, vor|sehen]

□ 対話が実現するとしたら，それは次のステップに移ってからだ。
151 [Gespräche, sich befinden, fortgeschritten, Stadium]

□ 市長は，その事案を徹底的に調査するように指示した。
151 [Bürgermeister, an|ordnen, Vorfall, gründlich, untersuchen]

□ それを拒否することは，当然のなりゆきとされている。
152 [ab|lehnen, sein, natürlich, Vorgang]

□ その司会者は指をパチリと鳴らした。
152 [Moderator, schnappen, mit]

□ 私の夫はパンに折りたたみナイフでバターを塗った。
152
［Butter, Schnappmesser, Brot, streichen］

□ 5 年後には，160 億立方メートルもの天然ガスがパイプラインで運ばれる予定だ。
153
［dann, 16 Milliarden, Kubikmeter, Erdgas, Rohre, zischen］

□ 旅程の他の場所は，行くのをやめてスキップしよう。
153
［weiter, Orte, Route, wir, trotzdem, sausen］

□ 太陽を直視するとくしゃみが出てしまうという人はおよそ 4 人に 1 人いる。
154
［etwa, Vierte, müssen, niesen, er, direkt］

□ その 2 人の男性の間に対決の火花が散っているようだ。
154
［Funken, zwischen, scheinen, sprühen］

□ 道幅の狭い国道を彼らはすごいスピードで走っている。
155
［mit, hoch, Tempo, brausen, schmal, Landstraße］

□ この運動の波にぴったりのハッシュタグがある。
155
［Wirbel, es, passend, Hashtag］

□ その歌手がいつも歌う内容は，かなり難しいことが多い。
156
［was, klingen, ziemlich, wirr］

□ 私たちの望みは水泡に帰した。
156
［all, Hoffnungen, sein, zunichte］

□ アスベスト材，建築廃材，使用済みタイヤは有料にて持ち込んでいただけます。
157
［Asbestzementplatten, Bauschutt, Altreifen, kostenpflichtig, an|liefern, werden］

□ 今年の夏は例年に増して暑く，からからである。
157
［in, Jahr, überdurchschnittlich, dürr］

□ 州と市がこのプロジェクトを強力に援助してくれた。
158
［Land, fördern, Projekt, üppig］

□ この冬は，長らくなかったほどの目玉となる流行のファッションがやってくる。
158 [Mode, so, verschwenderisch, wie lange, daher]

□ 店に在庫がないものはオンラインで入手できる。
158 [was, Laden, vorrätig, online]

□ そのお城は見映えのするたたずまいだが，一般見学はできない。
159 [Schloss, ganz, ansehnlich, öffentlich, zugänglich]

□ ドイツでは 7 月だと暗くなり始めるのは 22 時ごろだ。
159 [beginnen, erst, gegen, zu, dämmern]

□ 専門家たちが言うように，見通しは悪い。
160 [Aussichten, bleiben, aber, trübe, Experten, meinen]

□ この町は犯罪の温床だ。
160 [Sumpf, Verbrechen]

□ 新たに，この深いぬかるみからトラックが一台救出されるハメになった。
160 [erneut, müssen, Lastwagen, Morast, ziehen, werden]

□ ほとんどの質問はむしろたいしたことがない。またそれに対する回答もだ。
161 [eher, seicht, ebenso]

□ ある程度の深みと，観衆が何かしらを得てくれることが，私には重要だ。
161 [gewiss, Tiefgang, dass, Zuschauer, etwas, mit|nehmen]

□ その町では，まもなくバスの利用は無料となる。
161 [man, bald, lau, mit, fahren]

□ 耳に水が入ると，音が鈍く聞こえる。
162 [alles, dumpf, wenn, ich, haben]

□ 相手は賢くスピーディにプレイした，私たちはのんびりしすぎた。
162 [Gegner, klug, spielen, viel, behäbig]

☐ この町の税収は過去にないほど潤った。
162 ［Steuereinnahmen, sprudeln, wie nie］

☐ 彼女は，涙が顔を伝っている。
163 ［rinnen, Tränen, über, Gesicht］

☐ スープはあとほんの一瞬さっと沸騰したら火を消すとよいでしょう。
163 ［sollen, jetzt, nur, ganz, leicht, sieden］

☐ その山は，北西側で急角度に落ち込んでいる。
164 ［Berg, ab|stürzen, Nordwesten, schroff］

☐ 道路を横断するときには，斜めに渡らず，まっすぐ，そして道路の見通しのよい場
164 所で渡るべきである。 ［schräg, überqueren, sondern, sichtbar, Straßenabschnitt］

☐ 大事なのは，従業員をめまぐるしい技術の進歩に適応させていくことだ。
165 ［wichtig, Mitarbeiter, schnell, Wandel, Technik, weiter|bilden］

☐ 囲いが錆びて折れてしまう危険がある。
165 ［es, Gefahr, dass, Gitter, rosten, brechen］

☐ 表面はアルミニウムだろうが鋼鉄だろうが，ひどい場合には腐食してしまう。
165 ［Oberfläche, egal, ob, Alu, Stahl, schlimmstenfalls, korrodieren］

☐ 私は，甘い恋心で胸がいっぱいになる。
166 ［es, schwellen, Herz, süß, Schmerz］

☐ その会社では，非難が事実にあたっているかどうか，専門家が検査をする必要
166 がある。 ［bei, Firma, dann, Experten, prüfen, ob, Vorwürfe, zu|treffen］

☐ この部門の決算は壊滅的だ。
167 ［Bilanz, Bereich, verheerend］

☐ その特別展は，入場料に追加料金はなく，無料だ。
167 ［Sonderausstellung, kostenfrei, Zuschlag, Eintrittspreis］

□ 少しの追加料金で，あのチャペルを見に行ける。
167
［mit, Aufpreis, man, Kapelle, besichtigen］

□ その旅行会社は，需要の低迷を織り込んでいる。
168
［Reisebranche, rechnen, mit, Senkung, Nachfrage］

□ 彼の最大の功績は，この映画を 6 か国語に吹き替えて上映したことだ。
168
［größ, Verdienst, es, in, Sprachen, synchronisieren］

□ 電子ブックによる売り上げは，毎年数倍に増えている。
169
［Umsatz, elektronisch, sich vervielfachen］

□ これくらいの利息では，市の経営難の埋め合わせはできない。
169
［mit, Zins, jedoch, unternehmerisch, Risiko, ab|gelten］

□ 経費を埋め合わせられるよう，少しばかりの寄付をお願いしています。
170
［Deckung, Unkosten, um, Spende, bitten］

□ 高い光熱費は，飲食代に上乗せされ，利用客がそれを負担する形になるだろう。
170
［Zeche, haben, Endkunden, Strompreis, zu, bezahlen］

□ オーストリアでは 16 歳から選挙権が与えられている。
171
［Österreich, man, ab, Wahl, berechtigt］

□ 私は，教員免許（授業ができる資格）を得た。
171
［Berechtigung, erwerben］

□ 政治における平等は，政治において女性が男性と同数になるべきだということだ。
171 なぜなら，国民は男性と女性が同じ比率でいるのだから。
［Parität, zielen, darauf, Politik, sein, unter, Bürger, auch, 50:50, vertreten］

□ 彼は尊厳が傷つけられた。［man, in, Würde, verletzen］
172

□ 彼は私に返事をよこしてくれなかった。
172
［kein, würdigen］

□ 彼らの音楽はシンプルであり，かつ万人受けするものだった。
172 [volkstümlich]

□ 文化には，抽象的な世界観をわかりやすい形で可視化してくれる重要な機能が
172 ある。 [haben, Funktion, Weltanschauung, gemeinverständlich, präsentieren]

□ 楽しい語りの夕べは，短い祈祷で締めくくられた。
173 [unterhaltsam, schließen, mit, Andacht]

□ 両親はどちらも信仰心の深い家で育った。
173 [kommen, beide, aus, fromm]

□ 信仰心というのは，スピリチュアルなものとはまた違う。
173 [Frömmigkeit, nichts, Spiritualität, zu, tun]

□ 最後は，同僚同士の連帯意識が物を言う。
174 [aber, siegen, Solidarität, Berufskollegen]

□ 消防隊に加えて，救急隊員も出動した。
174 [Feuerwehren, sein, Besatzung, Rettungswagen, Einsatz]

□ 鳥の群れが彼の乗っていた飛行機のエンジン部に吸い込まれてしまった。
175 [Schwarm, Vögel, Triebwerk, Maschine, geraten]

□ 事故を起こした運転手は，救急措置を受け，無事に退院できた。
175 [Unfallfahrer, nach, ambulant, Behandlung, entlassen]

□ 検閲などない，誰でもネットに好きな意見を書いてよい。
176 [es, Zensur, Netz, völlig, abstrus, Meinungen, äußern]

□ 偉大な業績を成し遂げるためには我を通すことも必要だ。
176 [man, selbst, Tyrann, sein, Werk, schaffen]

□ 委員会には幼稚園長と教育者が数名名を連ねていた。
177 [Ausschuss, auch, Leiterinnen, Kindergärten, Erzieher, anwesend]

□ 177 クリスマスパーティほど豪華な食事が並ぶことは他にはほとんどない。

[geben, kaum, Zeitpunkt, wo, so, feudal, speisen, wie]

□ 178 表現の自由は侵害されてはならない。

[Äußerung, sein, zu, an|tasten]

□ 178 人権は不可侵である。

[Menschenrechte, unantastbar]

□ 178 品切れだからといって，顧客は購買契約をすぐには解約できない。

[bei, mangelhaft, Ware, Kunde, Kaufvertrag, zurück|treten]

□ 179 森林火災で，百万単位の損害が生じた。

[Schaden, Millionenhöhe, infolge, Brand, entstehen]

□ 179 場合により入場料をとることについて，毎年同じことを議論していないか。

[geben, jährlich, Diskussionen, etwaig, Eintrittsgeld]

□ 180 仕事の後は，精根尽き果てた（何もできる気力がなかった）。

[sein, ich, zu, mehr, imstande]

□ 180 その患者は起き上がれる状況になかった。

[Patient, sein, Lage, auf|stehen]

□ 180 たまには自分のためになることもしないといけないよ。

[du, müssen, auch, etwas, zugute]

□ 181 そのゴールキーパーは数々の記録を打ち立てた。

[Torhüter, gelangen, zig, Rekorde]

□ 181 新しいテクノロジーのお陰で，デバイスはワイヤレスになってきている。

[verschaffen, Geräte, mehr, mobil, Unabhängigkeit, Stromkabel]

□ 182 個性はお金で買えるものではない。

[Persönlichkeit, man, käuflich, erwerben]

□ 彼女は，その音楽で，日本人も虜にすることを狙っている。
182
［mit, möchte, Herzen, erobern］

□ 選挙が成立し，30 歳候補が勝った。
183
［zustande, kommen, Wahl, gewinnen］

□ トリュフは，6 月～8 月のオーストラリアの冬に大きく育つ。
183
［Trüffel, gedeihen, australisch］

□ この才能が活かせれば成長できていたのに。
183
［mit, Pfund, haben, wir, wuchern］

□ 高騰するガソリン代のせいで，車を運転する楽しみが失せる。
184
［Spritpreise, verderben, Spaß, Autofahren］

□ その歴史的建造物は撤去され，跡地は市民公園になる予定だ。
184
［Gebäude, sollen, für, Bürgerpark, weichen］

□ 英語からの借用語はドイツ語の衰退を引き起こしうるか。
185
［Anglizismen, Verfall, Sprache, verursachen］

□ 消費税の数々の例外に混乱しているのは納税者だけではない。
185
［etlich, Ausnahmen, Mehrwertsteuer, verwirren, nur, Steuerzahler］

□ 彼女の技に，観客たちは息をのむ。
186
［Können, lassen, Zuschauer, Atem, stocken］

□ 彼は悲しい物語を途切れ途切れ話して聞かせた。
186
［traurig, Absätze, erzählen］

□ 通りという通りで，何千台もの車が渋滞している。
187
［auf, sich stauen, Tausende, Fahrzeuge］

□ バイカーたちは渋滞の車の列を縫うように抜けていくのが好きだ。
187
［Motorradfahrer, sich schlängeln, gerne, zwischen, durch, Stau］

□ 同時に薬が効いて，炎症を抑えるのを助けてくれる。
187
［gleichzeitig, Medikamente, Körper, Entzündungen, hemmen］

□ 和平交渉が頓挫した場合，どうなるのか。
188
［was, Friedensverhandlungen, scheitern］

□ この試みは完全に失敗だった。以前より失業者がさらに増えた。
188
［Versuch, aber, fehlschlagen, wir, haben, noch, Arbeitslose, vorher］

□ 多くの人は難局を越えた先でも，ちょっとしたことでつまづいてしまうものだ。
188
［bewältigen, Gebirge, stolpern, letztlich, über］

□ サーブは初めはまったく成功しなかった。ボールにまったく当たらなかった。
189
［Angaben, misslingen, anfangs, allesamt, gar, treffen］

□ ミュンヘンでは多くの人が，住宅が見つからなくて苦労している。
189
［München, suchen, Menschen, vergebens, nach］

見出し語とその関連語以外の

単語集

・本文中に出てくる見出し語とその関連語以外の単語約 700 語を集めた単語集です。

・例文や読解練習を読む際の参照用としてお使いください。

・各単語には品詞や名詞の定冠詞などは付けず簡潔な形で示し，意味も本文中で使われている主なもののみ掲載しております。

A

ab|bekommen	（損傷・損害などを）受ける
ab|brennen	燃え尽きる
ab|gelten	～を弁済する・埋め合わせする
ab|halten	～が…するのを邪魔する・妨げる
abschätzig	軽蔑的な
absichtlich	故意に・わざと
abstrus	混乱した・意味不明な
ab|stürzen	（斜面などが）そそりつ立つ・急角度に落ち込む
agieren	行動する
Aktionär	株主
alkoholisieren	酔っ払わせる
vor allem	とりわけ
allenfalls	せいぜい；恐らく
allesamt	ことごとく・例外なく
Alltag	日常（生活）
allzu	あまりにも
Alu	アルミニウム（= Aluminium）
ambulant	外来の
an|bringen	～を取り付ける
Angabe	（テニスやバレーボールなどで）サーブ
Anglizismus（*pl.* Anglizismen）	英語からの借用語；英語の語法
Angriff	襲撃・攻撃
angsterfüllt	不安に満ちた
an|haften	～[3]に備わっている・付着している
Anker	錨
Ankündigung	告知
an|lächeln	～に微笑みかける
an|legen	～を身につける；設ける
an|liefern	～を持ち込む；引き渡す
an|lügen	～に嘘をつく
Annahme	受け取り
an|ordnen	～を指示する・命じる
Anschauung	意見・見解；…観（→ Weltanschauung 世界観）
anscheinend	どうやら～らしい
Anschlag	襲撃計画（→ Terroranschlag テロ行為）
an|schlagen	～をぶつける
anschließend	そのあとで
Anstich	（ビールなどの）口を開けること（→ Fassbieranstich ビール樽を開けること）

Antrag	申請
an|ziehen	～を引き締める
Applaus	拍手喝采
Arbeitsbedingungen	〔通常複数で〕労働条件
Armbeuge	腕の関節（の内側）
Asche	灰
Atem	息
Atmung	呼吸
auf|bauen	～を建築する
auf|bewahren	～を保管する・保存する
auf|fordern	要求する
auf|kommen	生じる・現れる
Aufnahme	摂取；受け入れ（→ Nahrungsaufnahme 栄養摂取・食物を取り入れること）
auf|stellen	～を設置する
auf|tauchen	姿を現す
auf|treten	生じる・発生する
Aufwärmen	ウォーミングアップ
auf|zeigen	～を示す・証明する
Augenbraue	眉
aus|drücken	～を表現する・表す
Ausfall	故障（→ Stromausfall 停電）
aus|führen	～を実行する・行う
Ausgaben	〔通常複数で〕支出・出費
aus|lösen	～を引き起こす・もたらす
Auslöser	原因；作動装置
aus|probieren	～を試してみる
außergewöhnlich	普通でない　⇔ gewöhnlich
äußern	～を述べる・言う
Äußerung	意見・発言；表示
Aussicht	見通し・見込み
aus|stellen	〔通常過去分詞 ausgestellt で〕裾広がりに仕立てる
Ausstellung	展示；展覧会・展示会（→ Sonderausstellung 特別展）
sich aus|tauschen	情報・意見交換する
aus|weichen	避ける・かわす
aus|zahlen	～を支払う

B

Bajonett	バヨネット・銃剣
banal	無意味な；月並みな
Baseballschläger	野球バット

Bau	（キツネなどの）巣・穴；建設・建築・工事
Baugenehmigung	建築許可（証明書）
Bauherr	建設主
Bedacht	思慮・慎重
Bedauernswerterweise	惜しむらくは
Bedingung	条件（→ Arbeitsbedingungen 労働条件）
Bedürftige	必要としている人
befestigbar	固定できる・取り付けられる
sich befinden	（～の状態・状況に）ある
befriedigen	（飢えなどを）を満たす
Befürchtung	心配・危惧
Begabung	才能・資質・天賦
Begriff	概念
Behandlung	取り扱い；治療
Behörde	行政；役所
Beklagte	被告
bekräftigen	～を裏付ける・証拠を示して強調する
Bekundung	証言・陳述
belasten	～に負荷をかける・～を煩わす
Belastung	（環境などへの）負担・迷惑
Beleuchtung	照明
Benehmen	振る舞い・態度
sich benehmen	振る舞う・態度を見せる
Beratung	相談；助言
bergen	～を含んでいる・秘めている
berücksichtigen	～を考慮する
Berührung	接触・触れること
besagen	～を述べている
bescheiden	控えめな
Beschimpfung	誹謗；侮辱
beseitigen	～を脇によける・取り除く・片付ける
Bestellung	注文
Beteiligte	参加者
betreten	～に立ち入る
Beute	獲物
Bevölkerung	住民
Bewerber	応募者
Bewertung	評価
bezeichnen	…を～と（als ～）呼ぶ；…を～と（als ～）見なす；～の表れである
Bezeichnung	名称

Biene	蜂・蜜蜂
Blickwinkel	観点・視点
bloß	単に・それ以上でもそれ以下でもない
Bogen	用紙（→ Papierbogen 全紙）
Börse	（株式などの）市場
böswillig	悪意のある
Brand	火災
Bremse	ブレーキ
Brieftasche	札入れ・財布
Brückentage	連休を作るため休日と休日を橋渡しするように休みにする日
Brummen	振動音・うなり音

C

Combigerät	複合機（多機能一体型の機械）
computergesteuert	コンピュータ制御の

D

daher	これまで・いままで
Debatte	討議；討論
Deckung	埋め合わせ・補填
degradieren	～を降格する
demnach	それに従って
derzeit	いま・目下のところ
derzeitig	現在の
dienen	～として（zu ～[3]）利用される
diesmalig	今回の
diplomatisch	外交の
Drache	竜・ドラゴン
Draht（*pl.* Drähte）	針金
dramatisch	劇的な
drehen	～をねじる・ひねる
Drogendealer	麻薬密売人
Drohung	威嚇・脅し
Dunkelheit	暗闇
durchaus	十分に；全体として
durch|blicken	〔et.[4] durch|blicken lassen で〕～をほのめかす
durch|setzen	～をやり通す
durchweg	すべて

E

an allen Ecken und Enden	至るところで・隅々が

ehemalig	以前の・かつての
Ehemann	夫
ein|berufen	～を招集する
Einbrecher	押し込み強盗（侵入者）
Einbruch	押し込み強盗（押し入ること）
eindeutig	明らかな
ein|dringen	押し入る・侵入する
einfach	簡単な；飾らない；ただ単に；まったく・実に～（としか言えない）
Einnahmen	〔通常複数で〕収入（→ Steuereinnahmen 租税収入・税収）
ein|richten	～に設備を備える；〔sich ein|richten で〕住居に家具を整える
Einsatz	投入・出動
ein|schließen	～を（鍵をかけて）しまい込む・閉じ込める
ein|setzen	（軍隊などを）投入する
Einsicht	閲覧
elektrisch	電気の
elektronisch	電子工学の
empfinden	～を感じる
empfindlich	傷みやすい・壊れやすい
Endkunde	最終顧客（エンドカスタマー）
entnehmen	取り出す；引用する
entspannt	リラックスした
entsprechen	～[3]に対応する
entstehen	生じる・発生する
Enttäuschung	失望・幻滅
Entwurf	草案・構想
Entzündung	炎症（Rachenentzündung 咽頭炎）
Erde	この世
Erdgas	天然ガス
erhalten	～を得る・もらう
Erholung	休息・休養
erkranken	病気になる
Erkrankung	罹病・発病
Erleichterung	軽減・緩和
erneut	新たに；改めて
ernsthaft	真面目な・本気の
Erreger	病原体；（何かを）引き起こすもの・扇動者（→ Krankheitserreger 病原体）
ersticken	～を圧殺する・鎮圧する

Erzieher	教育者
etlich	若干の；かなりの
extra	特別に
extrem	とりわけ・極度の

F

Fahrbahn	走行車線
Fahrspur	車線
Fahrzeug	乗り物（主に車を指す）
Falle	罠
Farbgebung	配色・彩色
Fass	樽（Fassbier 樽ビール）
Fassbieranstich	ビール樽を開けること
fassen	～をつかむ；〔einen Plan fassen で〕計画を立てる
Faulheit	怠惰
Federball（*pl.* Federbälle）	バドミントン；バドミントンの羽
Feld	場・界；競技場（→ Spielfeld グラウンド・（テニスなど）コート）
Fell	毛皮・（動物の）皮
Ferne	遠方・隔たった所
fest|stecken	はまり込む；動けなくなる
Finder	発見者
Fläche	平面（→ Oberfläche 表面・上面）
Flamme	炎
fleischlich	肉体的な
Flügelspannweite	翼の長さ（翼幅）
Flussufer	川岸
formulieren	～を言葉で言い表す
fortgeschritten	（時期などが）進んだ；進歩した
Fötus	胎児
Freiheitsstrafe	自由刑
Friedensverhandlungen	〔複数形のみ〕和平交渉
frustrieren	～を欲求不満にする
Fuchs	キツネ
Funke	火花

G

sich geben	振る舞う・態度を見せる
geeignet	適した
Gefrierpunkt	氷点
Gegenverkehr	対向車・反対方向の車の流れ

Gegenwind	逆風・向かい風
Gegner	相手チーム・対戦相手
gegnerisch	相手の・敵側の
geheimnisvoll	謎に満ちた・秘密主義の
geistig	精神的な
Geiz	渇欲・けち
Geländer	手すり
Geldpolitik	経済政策・金融政策
gelten	～と（als ～）される・見なされる
Geltung	価値；重要性
Genehmigung	許可証（→ Baugenehmigung 建築許可（証明書））
generell	一般的な
genetisch	遺伝の
genüsslich	美味しそうに；楽しんで
geradezu	本当に・実に
Gerät	器具・機器
geraten	～から（aus ～ ³）外れる；～に（in ～ ⁴）入りこむ・巻き込まれる
Gericht	裁判所
Gerichtsverhandlung	公判
Geschäft	職務・実務；事業；商店
Geschlecht	性・性別
gesetzlich	法的な
gewährleisten	～を保証する
Gewalt	暴力
gewiss	ある程度の
gezielt	狙い・目標を定めた
Gipfel	頂上
Gitter	柵・囲い
glatt	なめらかな・平らな
gleichzeitig	同時の
Grippe	インフルエンザ
gründlich	徹底的な
Grundrecht	基本権；基本的人権
grundsätzlich	原則として
gut tun	～するのがよい

H

Haft	拘留・留置
Haftstrafe	禁固刑
Haken	鉤

halbtrocken	（ワインなどが）中辛口の
halten	～を飼う；～を（ある状態に）保つ・維持する
Halter	飼い主；（自動車などの）所有者
Handlungsfreiheit	行動の自由
handwerklich	手作業の；手先の
Hang	斜面
Hauptsache	最も重要なこと
heben	～を起こす・～を上げ動かす
Heftklammer	クリップ
Heil	幸福・無事
heimlich	密かに・こっそりと
heraus|finden	～を理解する・認識する
her|stellen	～を生産する
herum|liegen	周りに散乱している・散らかっている
herum|rennen	（騒いで）走り回る
herum|tippen	（指先などで）軽く打つ・触れる
herunter	下へ
herunter|fallen	転げ落ちる
heulen	泣きわめく；遠吠えする
heutzutage	今日では
hierbei	ここにおいて・ここでは
hilflos	途方に暮れた
hin und her	行ったり来たり
hingegen	これに反して
Hinterbliebene	遺族
Hochmut	高慢
Hochwasser	洪水
hoch|ziehen	（眉を）つりあげる
Holzspan（*pl.* Holzspäne）	木くず
Hüter	番人（→ Torhüter ゴールキーパー）

I

immun	免疫の
Immunsystem	免疫システム
Impfstoff	ワクチン（impfen ～に予防接種する）
Inbrunst	熱意・熱心
Innenstadt	市の中心部・市街地
insbesondere	特に

J

jährlich	毎年の

K

Kapelle	礼拝堂・チャペル
Kasten	（サッカーなどの）ゴール
käuflich	（お金で）買える
Kaufvertrag	売買契約・購買契約
kaum	～するやいなや；ほとんど～ない
Kehrtwende	180 度方向転換をすること
Kissen	クッション
klettern	よじ登る
kommend	次の
komplett	完全な；まったくの
Kompression	圧縮
Konferenz	会議
Konkurrenz	競争相手
Können	技・腕前
Kopfhörer	ヘッドホン・イヤホン
Kopftuch	ターバン・スカーフ
Korn	穀物；穀粒（→ Vollkorn 全粒穀物）
kostenpflichtig	料金を支払う義務のある
Kraft	効力，〔in Kraft treten で〕発効する
kräftig	力のこもった；激しく
Krankenkasse	健康保険
krankhaft	病的な；病気の
Krankheit	病気
Krankheitserreger	病原体
Kratzer	（掻き）傷
Krise	危機
kritisch	批判的な
Kubikmeter	立方メートル
kucken	見る・のぞく・凝視する（= gucken）
Kummer	悩み；心配事
kündigen	解雇通告をする
Kürbis	カボチャ

L

Landkreis	郡
Landstraße	公道・国道
Langeweile	退屈
Lärm	叫喚；騒音
Lastwagen	トラック

<table>
<tr><td>Lauf</td><td>銃身</td></tr>
<tr><td>laut</td><td>〜によると・よれば</td></tr>
<tr><td>lautlos</td><td>音のない</td></tr>
<tr><td>legal</td><td>法律上の</td></tr>
<tr><td>Legende</td><td>伝説</td></tr>
<tr><td>leicht</td><td>簡単な・軽度の；ひょっとすると</td></tr>
<tr><td>Lein</td><td>亜麻</td></tr>
<tr><td>Lenkrad</td><td>（車などの）ハンドル</td></tr>
<tr><td>letztlich</td><td>結局は・最後に</td></tr>
<tr><td>Lid</td><td>まぶた（Oberlid 上まぶた，Unterlid 下まぶた）</td></tr>
<tr><td>luftig</td><td>薄手の・軽やかな</td></tr>
</table>

M

<table>
<tr><td>Mädel</td><td>少女</td></tr>
<tr><td>Magier</td><td>魔術師</td></tr>
<tr><td>magnetisch</td><td>磁気の・磁性の</td></tr>
<tr><td>Mähbalken</td><td>芝刈機</td></tr>
<tr><td>mangelhaft</td><td>不足した</td></tr>
<tr><td>marginal</td><td>周辺の</td></tr>
<tr><td>Maschine</td><td>機械；洗濯機（＝ Waschmaschine）；飛行機
（＝ Flugmaschine）</td></tr>
<tr><td>Maß</td><td>程度・範囲（→ Mindestmaß 最低限度）</td></tr>
<tr><td>Masse</td><td>大衆；大多数</td></tr>
<tr><td>Mehrwert</td><td>付加価値</td></tr>
<tr><td>Mehrwertsteuer</td><td>消費税</td></tr>
<tr><td>Melder</td><td>警報（→ Rauchmelder 火災報知器）</td></tr>
<tr><td>Menge</td><td>数量</td></tr>
<tr><td>Menschenrecht</td><td>人権</td></tr>
<tr><td>Menschheit</td><td>人類</td></tr>
<tr><td>menschlich</td><td>人間味のある・寛大な</td></tr>
<tr><td>miauen</td><td>（猫がにゃおと）鳴く</td></tr>
<tr><td>Mieter</td><td>借主・賃借人</td></tr>
<tr><td>Mindestmaß</td><td>最低限度</td></tr>
<tr><td>Mistel</td><td>ヤドリギ</td></tr>
<tr><td>mit|helfen</td><td>手伝う</td></tr>
<tr><td>Mitmenschen</td><td>〔通常複数で〕隣人・周りの人</td></tr>
<tr><td>mit|nehmen</td><td>〜を持って帰る；学びとる</td></tr>
<tr><td>Mitschuld</td><td>同罪・共犯・罪を共に担うもの</td></tr>
<tr><td>mit|schwingen</td><td>共鳴する</td></tr>
<tr><td>Mittelalter</td><td>中世</td></tr>
<tr><td>mittlerweile</td><td>時が経つうちに</td></tr>
</table>

Mobilität	可動性（ここでは乗り物）
Moderator	司会者
Moment	時機
motivieren	～に意欲を起こさせる・やる気を出させる
Müdigkeit	疲れ
Mühle	挽き臼・製粉装置
Müller	製粉職人
Mundmaske	マスク
Munition	弾薬
Müsli	シリアル
Muster	模範；手本
Musterbeispiel	典型例
Mutterfirma	親会社
mysteriös	謎めいた・不思議な

N

nach|weisen	～を証明する
Nadel	針；編み針
Nadelbaum	針葉樹　⇔ Laubbaum
sich nähern	近づく
Nähmaschine	ミシン
Nahrung	栄養・飲食物
Nahrungsaufnahme	栄養摂取・食物を取り入れること
Natur	性格・本性；自然
Neid	妬み・嫉妬
Niederlage	敗北・敗戦
niemals	一度も～ない

O

Oberfläche	表面・上面
Oberkörper	上半身・上体
offenbar	明らかな・公然の
öffentlich	公開の；公共の
Öffentlichkeit	世間・大衆
ökonomisch	経済の
Orca	シャチ
Orgel	パイプオルガン
out	〔out sein で〕時代遅れである・落ち目である

P

Pandemie	パンデミック・大流行病

Papierbogen（*pl.* Papierbögen）	全紙（A 判や B 判がある）
Papiere	〔通常複数で〕書類；文書
Partei	（起訴の）当事者；政党
Passant	通行人
peinlich	気まずい・ばつの悪い
Persönlichkeit	個性・人柄
pfeifen	口笛を鳴らす
pflanzen	（植物を）植える
Pfund	（神からの）賜物
Phänomen	現象
platzen	破裂する
pompös	豪勢な・豪華な
profitieren	～で（von ～ [3]）得をする
psychisch	心的な，精神の

Q

Quartier	（街の）地区·市区（→ Stadtquartier 街の地区·エリア）

R

rasch	素早い
Räuber	捕食者
Rauchmelder	火災報知器
Rauchverbot	喫煙禁止
recht	実に・非常に
Rechtsanwalt	弁護士
rechtswidrig	違法の・法に反する
Regiment	連隊（→ Reiterregiment 騎馬隊）
Region	地域・地方
Reifen	タイヤ
Reiter	騎手
Reiterregiment	騎馬隊
Rekord	記録
relevant	著しい
Resultat	結果
Rettungswagen	救急車
Revanche	雪辱
Revers	上着の襟の部分（折り返し）
richtig	実に・非常に；本格的に・しっかりと
Risiko	危険・リスク
Route	道路・道筋
Rückgrat	背骨

Ruhepause	休憩時間・中休み
Ruhm	名声
Runde	（トーナメント戦などの）回戦

S

sarkastisch	辛辣な・皮肉な
Schaf	羊
Schalk	いたずら者・いたずら好き
Schall	音
Schallwelle	音波
sich scharen	集まる
Schatz	宝
Schaum	泡
Schaumwein	発泡ワイン
Scheibe	ガラス・窓ガラス（→ Windschutzscheibe フロントガラス）
scheinbar	見せかけの・うわべの
schießen	（ボールを）シュートする
schimpfen	罵倒する・ののしる；非難する
Schlag（*pl.* Schläge）	打撃
schlagen	～を泡立てる
Schläger	（バットやラケットなど）打つ道具（→ Baseballschläger 野球バット）
sich schlängeln	すり抜ける
schlecht	なかなか～できない・～はむずかしい
schlimmstenfalls	最悪の場合には
schlüpfen	袖を通す・さっと着る
Schmarotzer	寄生植物〈動物〉
schnallen	（留め金などで）～を締める
Schneider	洋服屋・仕立て屋
sich schrauben	（ねじのように）らせん状に回る
schummeln	不正行為をする・いんちきをする
Schuss	発砲・射撃
Schusswaffe	火器・銃砲
Schwamm（*pl.* Schwämme）	スポンジ
Schwanz	しっぽ・尾
schwerlich	まず～ないだろう・難しかろう
schwören	誓う
seelisch	心の
selbstständig	自主的な；自立した
Senkung	低下・低迷

in sich hinein	自分の（心の）中へ
sichtbar	目に見える　⇔ unsichtbar
Sieg	勝利
siegen	勝つ
Signalton	シグナル音
Sitz	座席
Skizze	スケッチ
so genannte	いわゆる
Sonderausstellung	特別展
sonderlich	〔nicht とともに〕特別に〜なわけではない
Sonnenblume	ひまわり
sorgen	〜を用意する・手配する；招来する・〜の原因となる
sorgfältig	慎重な・入念な・注意深い
Span	削りくず，切れ端（→ Holzspan 木くず）
Spannung	緊張
speisen	食事をする
Spende	寄付
sperren	（通行を）封鎖する
Spielfeld	グラウンド・（テニスなど）コート
spitz	先の尖った
Spitzenvertreter	トップ・代表者
Sprachbarrieren	〔通常複数で〕言語の壁
Sprichwort	諺
Sprit	ガソリン
spüren	〜を感じる
Staatsanwalt	検察官・検事
stabil	丈夫な・頑丈な
Stadtquartier	街の地区・エリア
Stahl	鋼鉄・鋼
ständig	絶え間のない
Standvogel	留鳥　⇔ Zugvogel
sich stellen	〜の態度をとる・〜であるかのように振る舞う
Steuer	税・税金（→ Mehrwertsteuer 消費税）
Steuereinnahmen	〔通常複数で〕租税収入・税収
steuerlich	税金に関する
Steuerzahler	納税者
Stich	突き刺すこと
Stichwaffe	（槍などの）刺突用武器
sticken	〜を刺繍する
still|stehen	止まっている
stinken	悪臭を放つ

Stipendium	奨学金
Stirn	額
Stoff	布地；物質；成分（→ Impfstoff ワクチン）
Strafe	罰･刑（→ Freiheitsstrafe 自由刑，Haftstrafe 禁固刑）
strafrechtlich	刑法の
strahlen	光り輝く
Strategie	戦略
Strauch（*pl.* Sträucher）	灌木・低木
Streich	いたずら〔～[3] einen Streich spielen で〕～[3]を懲らしめる・～[3]に一杯食わせる
Stroh	藁
Strom	電流；電気
Stromausfall	停電
Stromkabel	ケーブル
Strompreis	光熱費
Stück	楽曲・作品
Studienzeit	在学期間
Studierende	大学生
Sucht	（病的）欲求
synchronisieren	～を吹き替える
Szene	場面・情景

T

tagelang	何日間も
tagsüber	昼の間・日中
Takt	拍子
Talent	才能
Täler	犯人
teilweise	部分的に
Tempo	速度・スピード
Terroranschlag（*pl.* Terroranschläge）	テロ行為
Tochterfirma	子会社
tödlich	致命的な・命にかかわる
Ton（*pl.* Töne）	口調・（言葉の）調子；音（→ Signalton シグナル音）
Tor	（サッカーなどの）ゴール
Torhüter	ゴールキーパー
Trafohäuschen	変圧器
Trafostation	変圧器
transportierten	～を運搬する
treffen	～を当てる・命中させる；～と会う；〔sich treffen で〕会う

treiben	～を促す
Trennung	分離・絶縁
Tresen	店の売り台・酒場のカウンター
tricksen	トリックを使う・フェイントをかける
Trieb	駆動装置
Triebwerk	（飛行機などの）エンジン
Trikot	ユニフォーム
trocken	乾いた；（ワインなどが）辛口の
Trüffel	トリュフ
Tuberkulose	結核
typischerweise	典型的に

U

Überblick	概観する能力・視野
überdurchschnittlich	平均的な値以上の・平年以上の（⇔ durchschnittlich 平均的な・平年どおりの）
übereinander	重なり合って
überfordern	～に過剰な負担を課す・無理を強いる
übernehmen	（責任などを）引き受ける・負う
überragend	重要な・すべてにまさる
überwachen	～を監視する
üblich	普通の；通例の
sich umarmen	抱き合う
um|bilden	形を変える
um|herstreifen	歩き回る
umsonst	無料で・無償で
umweltfreundlich	環境を汚染しない・環境に優しい ⇔ umweltunfreundlich
umweltunfreundlich	環境によくない ⇔ umweltfreundlich
Unabhängigkeit	独立・自立；自由 ⇔ Abhängigkeit
unanfechtbar	法的に異議の認められない
unbegründet	根拠のない
unbeschädigt	損害のない・無事の
unerträglich	我慢のならない
unfallfrei	無事故の
Ungeduld	苛立ち・焦燥
unhörbar	聞こえない
unkontrolliert	コントロールされていない・制御不能な
unnötig	不必要な
unsicher	おどおどした・自信のない；危険な
unsichtbar	目に見えない ⇔ sichtbar

unterhaltsam	楽しい・おもしろい
unternehmen	～を企てる
unternehmerisch	経営に関する
Untersuchung	調査
unterteilen	～を分ける・分類する
unverschämt	厚かましい・ずうずうしい
Unwetter	悪天候
Urteil	判決

V

Vaterland	祖国・母国
Vaterstadt	生まれ故郷（の町）
verantwortungslos	無責任な
Verband	連盟
Verbandsversammlung	連盟会議
verbiegen	～を曲げる・曲げ損じる
Verbot	禁止（→ Rauchverbot 喫煙禁止）
sich verbreiten	広まる
verdammen	～を非難する・けなす
verehren	～を称える；崇拝する
Verfassung	憲法
verfehlen	（的などを）外す
sich verhalten	振る舞う
Verhaltensweise	行動の仕方
verheerend	壊滅的な・手のつけられない
verjagen	～を追い払う
Verkündung	告知
verlachen	～を嘲笑する
verlangen	～を求める
Verlangen	要求・要望
verleihen	～を与える・付与する
Verletztung	損なう・傷つけること
verlieren	～を失う
Vermerk	メモ・覚え書き
Vermieter	貸主
veröffentlichen	～を公表する・公にする
Verordnung	制定・法令
Verpackung	パッケージ・包装
verpflichten	…に～の（zu ～[3]）責任を課す,〔sich verpflichten で〕義務を負う
Versammlung	会議・集会（→ Verbandsversammlung 連盟会議）

verschwinden	消える・見えなくなる
Versehen	過失・間違い，〔aus Versehen で〕うっかりして
versehen	～をあてがう
Verteidigung	守り・ディフェンス
Vertrag	契約（→ Kaufvertrag 売買契約・購買契約）
Vertrauen	信用・信頼
vertreiben	～を追い払う・追い出す
vertreten	〔vertreten sein で〕代表している
Vertreter	代表者（→ Spitzenvertreter トップ・代表者）
sich vervielfachen	何倍にもなる
verzichten	諦める
Verzierung	飾り付け・飾ること
vielfältig	多種の・多岐にわたる
Vierbeiner	四つ足の動物（特に犬を指す）
Viertelfinale	準々決勝
Virus（*pl.* Viren）	ウイルス
Vogelzug	鳥の渡り
voll	十分の；完全な；全部の
Völlerei	暴食
vollkommen	まったくの；完全な
Vollkorn	全粒穀物
Voraussetzung	前提・必要条件
Vorbereitung	準備
vor|bringen	～を主張する
Vorgehen	振る舞い・行動
vorgehen	～の措置をとる；先に進む
vor|lesen	～を読み聞かせる
Vorschlag	提案
vor|sehen	～を予定する
vorwiegend	たいていは
Vorwurf（*pl.* Vorwürfe）	非難

W

wahrhaftig	真の・本当の
Währung	通貨
Wanderpokal	持ち回りの優勝カップ（トロフィー）
Weber	織物職人
wehen	風になびく
weihnachten	〔es とともに〕クリスマスの雰囲気になる
Weise	やり方；態度（→ Verhaltensweise 行動の仕方）
weiter|bilden	～の教育をさらに続ける

weiterhin	引き続き・今後も；さらに
Welle	波（→ Schallwelle 音波）
Weltanschauung	世界観
Weltmeisterschaft	ワールドカップ
Wende	転換·転回(→ Kehrtwende 180 度方向転換をすること)
Werbeplakat	(ポスターなどの) 広告
Weste	ベスト
Widerspruch	反論
widerstehen	抵抗する・抗う
Windschutz	風よけ
Windschutzscheibe	(自動車の) フロントガラス
Winkel	角度（→ Blickwinkel 観点・視点）
Witterung	天候・天気
Wolkenkratzer	高層ビル・摩天楼
Wolle	羊毛；毛糸
Wollust	肉欲
Wurzel	根源・ルーツ
Wut	怒り
wütend	激怒した

Z

zahlenmäßig	数の点で・数の上の
Zehenspitzen	〔通常複数で〕つま先
Zeitpunkt	時点
Zeitung	新聞社
zeitweise	一時的に・部分的時間に
zig	非常に多くの
Zitat	名言・名句
zu|kommen	～にふさわしい；～に権利がある
zulässig	許容しうる
Zunge	話しぶり・言い回し
zurzeit	目下のところ
zusammenklappbar	折りたためる
zuvor	先に・前に
zweischneidig	両刃（もろは）の

見出し語とその関連語の

索引

＊太字は見出し語，細字は見出し語の関連語です。

I

J

K

L

M

N

O

田中 雅敏（たなか まさとし）

東洋大学法学部教授（博士（学術））。専門はドイツ言語学・ドイツ語教授法。ポツダム大学，ザルツブルク大学などで在外研究。

著書に『わたしのドイツ語 32 のフレーズでこんなに伝わる』『中級学習者のためのドイツ語質問箱 100 の疑問』（白水社），『ゼロからスタート ドイツ語文法編』（J リサーチ出版）など。

2016 年 10 月～12 月（第 1 期），および 2018 年 10 月～2019 年 3 月（第 2 期）に，NHK ラジオ講座「まいにちドイツ語応用編（ドイツ語発見の旅 1・2)」を担当。

基礎語彙に乗せる
ドイツ語積み増し360語

2021 年 8 月 10 日 初版第 1 刷発行

著 者 田中 雅敏
制 作 ツディブックス株式会社
発行者 田中 稔
発行所 株式会社 語研
〒101–0064
東京都千代田区神田猿楽町 2–7–17
電 話 03–3291–3986
ファクス 03–3291–6749
組 版 ツディブックス株式会社
印刷・製本 シナノ書籍印刷株式会社

ISBN978-4-87615-371-8 C0084
書名 ドイツゴツミマシサンビャクロクジュウゴ
著者 タナカ マサトシ

株式会社語研
語研ホームページ https://www.goken-net.co.jp/

本書の感想は
スマホから↓